牡丹特色产业助推乡村振兴

王广峰 著

中国农业出版社
北京

图书在版编目（CIP）数据

牡丹特色产业助推乡村振兴 / 王广峰著．-- 北京：
中国农业出版社，2024．6．-- ISBN 978-7-109-32379-7

Ⅰ．F326.12

中国国家版本馆 CIP 数据核字第 2024GP5380 号

牡丹特色产业助推乡村振兴
MUDAN TESE CHANYE ZHUTUI XIANGCUN ZHENXING

中国农业出版社出版

地址：北京市朝阳区麦子店街 18 号楼

邮编：100125

责任编辑：谢志新　郭晨茜　孟令洋

版式设计：杨　婧　　责任校对：吴丽婷

印刷：北京通州皇家印刷厂

版次：2024 年 6 月第 1 版

印次：2024 年 6 月北京第 1 次印刷

发行：新华书店北京发行所

开本：700mm×1000mm　1/16

印张：10.25　　插页：2

字数：200 千字

定价：88.00 元

彩图 1-1　花木兰

彩图 1-2　国色添香

彩图 1-3　驾御龙

彩图 1-4　乌龙献金

彩图 1-5　瑞波功

彩图 1-6　满天红

彩图 1-7　沁田美

彩图 1-8　血气方刚

彩图 1-9　才高八斗

彩图 1-10　天高云淡

彩图 1-11　火星花

彩图 1-12　双碟会

彩图 1-13　红钻石

彩图 1-14　福星高照

彩图 1-15　北极光

彩图 1-16　庆阳红

彩图 1-17　瑞璞玫瑰

彩图 1-18　紫砂碗

彩图 1-19　照雪映玉

彩图 1-20　粉秀金环

　　菏泽是著名的"一都四乡"，当地最具特色的要数牡丹。牡丹雍容华贵、富贵吉祥，牡丹的传说由来已久。牡丹原本是野生花卉，是在中华大地上诞生并逐步分化发展的木本植物。当我们的祖先架木为巢、游猎为生的时候，牡丹就已经"遁于深山，自幽自芳"了。进入文明社会以后，牡丹首先从《山海经》悄然走近华夏先祖，自苍茫山野中进入尘世，从《神农本草经》走进黎民百姓，又从《诗经》走进青年男女的爱情世界。自大唐盛世以来，牡丹走进了京都，走进了天子殿堂，走进了皇家宫苑，走进了王城相府，一举成为名动京城的"国色天香"，成为艳冠群芳的"花中之王"。

　　牡丹是当之无愧的盛世花、富贵花。牡丹在明代即被称为"国花"，主要源于牡丹所展现的富丽堂皇、典雅端庄、富而不骄、雍容大方的特质。牡丹品种繁多，花朵硕大丰满、鲜艳夺目、芳香浓郁，可以说是雍容华贵，仪态万方，非常符合文明社会人们对高雅的审美情趣和精神追求。历代文学家、诗人、艺术家和民间艺人创作了大量赞美牡丹的诗词歌赋、民歌民谣、小说戏剧、绘画雕塑等，歌颂牡丹、赞美牡丹，用牡丹高雅的艺术形象，滋养人们的精神，陶冶人们的情操。牡丹成为整个中华民族蓬勃向上、开拓进取的优秀民族精神的象征，成为国家繁荣昌盛、兴旺发达的标志。在唐代牡丹是国运昌隆的体现。但北宋末年及晚清民国时，由于战乱频发、民不聊生，牡丹的境况满目荆榛。

当今中国，牡丹欣逢盛世，生机勃发。人们常说，中国牡丹看中原，中原牡丹看洛、菏（洛阳、菏泽）。自明清时期起，全国的牡丹栽培中心就已经转移到了菏泽（古为曹州）。《山东通志》《曹州府志》明确记载："曹州牡丹最盛"，"江南所不及也"。博学多识的滨州沾化人苏毓眉，在《曹南牡丹谱》中直接指出："至明，而曹南牡丹甲于海内"。名贯天下的淄博桓台人王士禛，在《池北偶谈》指出：牡丹"山东惟曹州最盛，洛阳、青州绝不闻矣"。在清代，曹州牡丹更是声名远播。据史书记载："曹州园户种花如种黍粟，动以顷计。东郭二十里盖连畦接畛也"，"每当仲春花发，出城迤东，连阡接陌，艳若蒸霞"，景色十分壮观。曹州牡丹研究文人赵世学说："方今国朝，邦治太平，竞尚花木，牡丹一种，驰名四海。赏花诸君，北至燕冀，南至闽粤，中至苏杭，言牡丹者，莫不谆谆于吾曹焉。"文人墨客蒲松龄、郑板桥、曹寅、翁方纲等，都对曹州牡丹青睐有加，将其写入诗、文、小说中。菏泽牡丹一直以花大色艳、品种繁多、富贵大气、产业化开发利用而闻名天下。菏泽牡丹在1999年昆明世博会上一举夺冠。由"中国牡丹之乡"，到"中国牡丹城"，再到"中国牡丹之都"，菏泽因牡丹花而名扬四海。

菏泽历届党委政府高度重视牡丹的种植、保护和开发，把全方位提升牡丹的经济价值、社会价值、生态价值作为重要战略。全市牡丹种植面积已近百万亩，优质珍贵品种已有690多种，遍布七县两区二百多个乡镇，牡丹区基本上村村都种牡丹。一年一度的牡丹文化旅游节已成为菏泽人的盛大节日，也成为国内外友人的迫切期盼。京九铁路穿境而过，机场已经开通航线，高铁站已投入使用。新鲜的牡丹切花、营养保健的牡丹油、味道佳美的牡丹饮品、美容护肤的牡丹化妆品走入了千家万户。菏泽牡丹既是菏泽人民的骄傲和自豪，也是国人的骄傲和自豪，牡丹花已成为菏泽这座城市的靓丽名片，既是促进菏泽乡村振兴和经济社会发展的动力机、助力器，也是我国各族人民共同的审美追求、美好期盼。

我国各地的牡丹都有各自的优势、特色和历史积淀，搭建相互交流、共同发展的平台是共同的追求、共同的选择、共同的目标。把牡丹的芳菲和美丽奉献给全人类，把牡丹传说发扬光大是我们义不容辞的责任担当和光荣使命。

明清以来，有许多专门记载和探讨牡丹的理论专著，如苏毓眉的《曹南牡丹谱》，余鹏年的《曹州牡丹谱》，晁继襄的《绮园牡丹谱》，赵孟俭的《桑篱园牡丹谱》，赵世学的《牡丹富贵说》，毛同苿的《毛氏牡丹花谱》等，阐述了菏泽牡丹的历史渊源、栽培技术、名贵品种和牡丹园圃的兴盛及世人欣赏牡丹的美好情景。

新中国成立以来，在各级政府的关心及支持下，菏泽的牡丹研究工作更上一层楼。1984年建立了菏泽市曹州牡丹研究所，现为菏泽市牡丹区牡丹研究院，2017年菏泽学院成立了农业与生物工程学院（牡丹学院），2010年成立了曹州历史文化研究所，现为曹州历史文化研究院等，众多学高望众的文化人辛勤耕耘，推出了一批批研究成果。

李保光教授曾经提出牡丹发展史上的三次飞跃的观点，在学术界引起广泛关注。第一次飞跃，是从野生牡丹到栽培牡丹。第二次飞跃，是从药用牡丹到观赏牡丹。第三次飞跃，是从观赏牡丹到开发牡丹。20世纪末以来，在菏泽异军突起的牡丹产业是牡丹发展史上的又一次大飞跃，具有里程碑意义。牡丹产业化，提升了牡丹的价值、延长了产业链。以牡丹籽油为源头，把牡丹浑身都是宝的价值发挥到人们生活的诸多领域，菏泽牡丹迎来了新辉煌，实现了新时代的新突破。

菏泽人杰地灵，地理位置优越，自古就被称为"天下之中"，有三皇五帝的睿智开拓，有农耕文明、龙凤文化的最早启迪，有最适宜牡丹生长的气候土壤，有管理牡丹、经营牡丹的历史传统，有研发牡丹、勇为人先的聪明才智，有主政者深谋远虑、精心培养的良好社会环境。菏泽牡丹的三次飞跃很有代表性，正是中国牡丹飞跃发展的客观体现。

菏泽牡丹历史悠久，但地域偏僻，交通不畅，以农为主的经济发展方式持续时间长，加之历代河患频繁，战乱不断，使本土牡丹文化的对外传播受到很大影响，一度"藏在深闺人未识"。直到明清，菏泽牡丹才甲于海内，"即古之长安、洛阳恐未过也"，繁荣至今，长盛不衰。菏泽已逐步成为中国牡丹种植、观赏、科研、加工、出口创汇、文化传播最大的综合基地。

牡丹是中国传统非遗文化宝库中的重要资源。菏泽作为牡丹栽培和研发的全国性中心，必然要担负起传承弘扬牡丹非遗文化的重任，立足菏泽学院教育发展高地，深化校地合作、校所合作，推进校城融合，积极推进国家级牡丹非遗项目进高校、进课堂、进教材，这对于强化牡丹产业理论与实践的支撑作用，服务乡村振兴意义重大而深远。

CONTENTS
目录

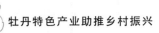

第一章　牡丹文化

第一节　中国牡丹栽培简史

牡丹，芍药科芍药属落叶灌木，是我国十大传统名花之一。牡丹家族中所有的野生种与变种均原产于中国，中国也是名副其实的世界牡丹起源中心。

牡丹虽与芍药同科同属，但秦朝之前的典籍中只有芍药而无"牡丹"的记载。截至目前，人们发现最早记载"牡丹"一词的，是东汉早期的医简，记载了用牡丹治疗"血瘀病"的处方（该医简于1972年在今甘肃省武威市柏树乡出土）。另外，秦汉时的《神农本草经》，作为记录两汉以来用药经验的医学著作，其中也有记载："牡丹味辛寒，一名鹿韭，一名鼠姑，生山谷。"这说明牡丹最早是作为药用植物为人们利用的，距今至少有2 000多年。

牡丹由野生药用到观赏栽培经历了漫长的岁月，但由于秦朝之前牡丹、芍药统称为芍药，以至于牡丹驯化栽培最早始于何时无从考查。目前关于牡丹观赏栽培最早的依据，是宋朝的《顾虎头列女传》，其中有描绘庭院中栽植芍药的画面，而顾虎头就是大家所熟知的东晋大画家顾恺之（348—409年），由此推算，野生牡丹作为观赏栽培至今已经有1 600多年。而牡丹栽培品种的出现，则是始于隋代。

隋代，牡丹栽培的数量和范围开始扩大。据《隋炀帝海山记》记载："帝自素死，益无惮，及辟地，周二百里，为西苑……诏天下境内所有鸟兽草木，驿至京师（今洛阳）……易州（今河北易县）进二十四相牡丹：赭红、赭木、橙红、坏红、浅红、飞来红、袁家红、起州红、醉妃红、起台红、云红、天外黄、一拂黄、软条黄、冠子黄、延安黄、先春红、颤风娇。"也就是说，当时已经出现了各式各样的牡丹栽培品种。宋代奇书《事物纪原》（作者高乘）也称"隋炀帝世始传牡丹"。隋代是中国牡丹进入皇家宫苑的开始，标志着中国牡丹进入了一个新的历史阶段，为今后牡丹的迅速传播与发展起到了积极作用。洛阳也自此成为了中国历史上最早的牡丹栽培中心。

唐朝时期社会稳定、经济繁荣，雍容华贵的牡丹更是迎合了唐人的盛世心

1

理，成为当时最风靡的花卉。尤其初唐，还兴起了"游赏牡丹"的活动，柳宗元《龙城录》中便有唐高宗宴群臣赏"双头牡丹"的记载；另据舒元舆的《牡丹赋》载："天后之乡，西河也，有众香精舍，下有牡丹，其花特异，天后叹上苑之有阙，因命移植焉。由此京国牡丹，日月寝盛。"皇家赏牡丹的活动引得臣子纷纷效仿，豪门贵族也以拥有牡丹为地位权势的象征。唐玄宗时期，长安牡丹的发展已颇具规模，《杨太真外传》载："开元中，禁中重木芍药，即今牡丹也。得数本红紫浅红通白者，上因移植于兴庆池东沉香亭前。会花方繁开，上乘照夜白，妃以步辇从。诏黎园弟子中尤者，得乐十六色。李龟年以歌擅一时之名，手捧檀板，押众乐前，将欲歌之。上曰：'赏名花，对妃子，焉用旧乐词为。'遽命龟年持金花笺，宣赐翰林学士李白立进《清平乐词》三篇。承旨……"这描绘的是盛唐时期帝王家的一次赏花盛会，唐玄宗陪贵妃杨玉环赏牡丹，梨园名家李龟年正要献唱，玄宗说道，贵妃赏名花怎能演唱旧乐词，于是命诗仙李白填《清平调词》三首。唐代自武则天始至盛唐玄宗时，是长安牡丹发展的鼎盛时期，也形成了牡丹种植历史上的第一个高潮。

唐代除皇家庭院外，道观、寺庙（如大慈恩寺、西明寺、开元寺）、衙署、普通民家皆热衷于种植牡丹。《南部新书》中记载："长安三月十五日，两街看牡丹，奔走车马。"唐人崇尚牡丹，热爱牡丹，白居易在《牡丹芳》中写道"花开花落二十日，一城之人皆若狂"，《买花》中也道"家家习为俗，人人迷不悟"。牡丹也因李正封《牡丹诗》"国色朝酣酒，天香夜染衣"的诗句有了"国色天香"的美誉。唐人对牡丹的喜爱相应地促进了牡丹栽培技术的发展，并出现了专门以种养牡丹为业的"花师"，他们根据栽植牡丹的经验总结了独特的园艺技术。柳宗元在《龙城录》中云："洛人宋单父，字仲孺。善吟诗，亦能种艺术，凡牡丹变易千种，红白斗色，人亦不能知其术。"牡丹的移植手段也颇为成熟，白居易《买花》中即提到了牡丹的移植方法"上张幄幕庇，旁织巴篱护。水洒复泥封，移来色如故"。舒元舆《牡丹赋并序》中提及高宗、武后时期，牡丹由河东汾州众香寺移植到都城长安，这表明唐代前期已经可以做到远距离长途运输牡丹移植苗并移栽成活。此外，唐代牡丹花色不断丰富，还出现了重瓣品种。段成式在《酉阳杂俎》中写道"兴唐寺有牡丹一窠，元和中着花一千二百朵。其色有正晕、倒晕、浅红、浅紫、深紫、黄白檀等，独无深红。又有花叶中无抹心者，重台花者，其花面径七八寸"。

北宋是牡丹发展史上又一辉煌时期。此时牡丹的栽培中心已经移至洛阳，洛阳牡丹的种植和观赏再次达到鼎盛。欧阳修在《洛阳牡丹记》的开篇就明确指出："牡丹出丹州延州，东出青州，南亦出越州。而出洛阳者，今为天下第一。"也因为此，才有"洛阳牡丹甲天下"的美誉流传至今。该书中还写道：

"洛阳所谓丹州花、延州红、青州红者，皆彼土之尤杰者，然来洛阳，才得备众花之一种"。这也看出彼时牡丹的移栽技术已非常先进，移栽范围广泛。陈州（今河南淮阳）、江南等地牡丹也相继兴盛。《蜀总志》中记载前蜀后主王衍之舅从秦州（今甘肃天水一带）董成村僧院移栽过一株老牡丹，历三千里移植于成都新宅，这是蜀中最早引入北方牡丹的记载。张邦基所著的《陈州牡丹记》记述了陈州牡丹盛况："洛阳牡丹之品，见于花谱，然未若陈州之盛且多也。园户植花如黍粟，动以顷计。"梅尧臣的《牡丹》一诗中写道："洛阳牡丹名品多，自谓天下无能过。及来江南花亦好，绛紫浅红如舞娥。"北宋时人们对野生牡丹的种群分布也相当了解，如《证类本草》中记载"今丹、延、青、越、滁和州山中皆有之"。宋人精选野生牡丹品种加以驯化培育，欧阳修《洛阳牡丹记》中提到："细叶、粗叶、寿安者，皆千叶肉红花，出寿安县锦屏山中，细叶者尤佳……始，樵者于寿安山中见之，斫以卖魏氏"，而卖于魏氏的野生牡丹经过细心驯化成为著名的"魏家花"。另外，北宋时的牡丹嫁接技术日趋专业化、职业化，并出现专业的"接花工"。

南宋时期，随着政治中心的变迁，牡丹栽培中心随之南移，江南两浙地区牡丹栽培进入快速发展时期，而四川天彭牡丹始见盛名，为蜀中第一。陆游在《天彭牡丹谱》中写道："牡丹，在中州，洛阳为第一。在蜀，天彭为第一……天彭号小西京，以其俗好花，有京洛之遗风。"该书中还记载了64个品种的牡丹，"天彭牡丹大抵花近百种"，而最名贵的大约有40来种，花色以红花最多，紫色、白色、黄色花则较为少见。总体来说，宋代已经形成了较为完善的牡丹栽培技术体系，还产生了我国乃至世界上第一代牡丹专著，它们散见于历代古籍中，统计的牡丹约有21种，如上文提到的欧阳修《洛阳牡丹记》，该书对牡丹品种来历、形态特征，以及洛阳人赏花、种花、浇花、养花、医花的方法都做了明确记载。

在元朝相对稳定时期的繁荣地区，牡丹仍深受人们喜爱并广为栽培。如耶律铸在《双溪醉隐集》之《天香台赋》中评价牡丹"国色天香，独占韶光，澄心定气，延视迫察，知其不妄，进号贵客，名为花王"。人们对牡丹生态习性、观赏价值的认识，以及栽培管理技术、保存古代名品、培育新品种、撰写牡丹谱录等方面也有所发展，育出的一些新品种还流传到了明代。

入明以后，牡丹在全国范围内又得到了较大发展，在国都北京、江南的太湖周围、西北的兰州、临夏等地广为栽培，其中安徽亳州牡丹盛极一时。据薛凤翔在《亳州牡丹表》《亳州牡丹史》中记载，盛时亳州的牡丹品种多达270余个。而明代全国牡丹品种已发展到360多个，无论是花色，还是栽植规模，都已远超宋代的洛阳、陈州（今淮阳）等地。就在亳州牡丹繁盛的同时，位于山东西南地区的曹州（今菏泽），牡丹的培育也日益繁盛。据万历《兖州府志》

载，自明中期以后，曹州地区"士人好种花树，牡丹、芍药之属，以数十百种"。《曹县志》中也有记载："牡丹初盛于锥下，再盛于亳州……叙至于今，亳州寂寥，而盛事悉归曹州。"清朝苏毓眉在《曹南牡丹谱》中写道："至明而曹州牡丹甲于海内。"曹州地区牡丹栽培繁盛。据谢肇淛在其随笔《五杂俎》中记载，当时曹州的某一士族，用以栽植牡丹的家园"园可五十亩[*]，花遍其中，亭榭之外，几无尺寸隙地，一望云锦，五色夺目"。此外，当地的百姓也筑园建圃，培育牡丹。《五杂俎》中同样写道："余遇濮州曹南一路，百里之中，香风送鼻，盖家家圃畦中俱种之，若蔬菜然。"可见一斑，当时曹州栽植牡丹之盛况。曹州也因此涌现出众多著名牡丹园林，当地人称之为"花园子"，其中有文献佐证的，如赵楼牡丹园（今菏泽曹州牡丹园内）、方花园（今菏泽城区八一路菏泽一中内）、何园（今菏泽岳程办事处岳楼村南凝香园）、万花村园（今菏泽古今园）、毛花园（今菏泽城东北毛胡同）等。牡丹能够在曹州地区迅速发展，究其原因，一是当地的自然条件适合牡丹生长。曹州全境为黄河冲积平原，沙质壤土适合牡丹的根系生长，且气候适宜，有利于牡丹繁衍。二是社会环境。明中期之后社会、经济均平稳发展，大批贵族追求安逸享乐，而牡丹自古被认为是富贵的象征，于是贵族们纷纷建园种牡丹，这些都对曹州牡丹的崛起起到了至关重要的作用。

明末清初，牡丹发展受到战乱影响，清康熙年间才逐渐恢复，之后直到咸丰时期，达到昌盛。北京，甘肃兰州、临夏、定西等地牡丹栽培事业迅速发展。袁宏道《张园看牡丹记》记载"时牡丹繁盛，约开五千余……自篱落以至门屏，无非牡丹。可谓极花之观"。皇家园林里也出现了"国花堂""国花台"等，更加表明清朝帝王将牡丹作为国花。嘉庆年间龚景翰编著的《循化厅志》中写道："打儿架山上野花极繁，多不知名，惟牡丹芍药可数。"《甘肃全省新通志》也有记录"（牡丹）各州府都有，惟兰州较盛，五色俱备。"安徽铜陵的凤凰山、南陵丫山、浙江绍兴、上海等地，牡丹也有大量栽培。《上海县志》记载"最盛于法华寺，品类极繁，甲于东南，有小洛阳之称。"而这一时期曹州牡丹的栽培"渐入全盛，其势直到清末不衰"。王曰高在《曹南牡丹四首》其三中写道："洛阳自昔擅芳丛，姚魏天香冠六宫。一见曹南三百种，从今不数洛花红。"随着曹州牡丹的兴盛，也出现了一批专门登录曹州牡丹的谱录著作，如《曹州牡丹谱》《桑篱园牡丹谱》《毛氏牡丹花谱》等。牡丹栽培规模的扩大，也促进了牡丹商业经营的发展，在曹州除了有专门种植牡丹的花农外，还分化出了专门贩卖销售牡丹的"牡丹商"。据光绪《菏泽县乡土志》记载"牡丹商，皆本地土人，每年秋分后将花捆载为包，每包六十株，北走京津，

---

[*] 亩为非法定计量单位，1 亩≈667 米²。

南浮闽粤"。在清末由曹州贩往各地的牡丹，每年"多则三万株，少亦不下两万株，共计得值约有万金之谱"，由此可见牡丹栽培已经成为当地重要的商业之一。

民国时期，随着自然灾害的加剧与社会局势的动荡，牡丹栽培业一落千丈，许多花农迫于生计将花田改种五谷。以曹州为例，到解放前夕，全县花田已不过百亩，花品也仅剩三四十个，牡丹栽培元气大伤。新中国成立后的相当一段时期内，各地牡丹栽培虽有恢复但仍处低潮，特别是文革期间，养花种草被作为资产阶级生活方式受到批判，牡丹更因被看作富贵奢靡的象征多被砍拔焚烧。为了保住曹州牡丹，有关部门决定引种药用牡丹品种，据记载，1975年药用牡丹栽培面积可达 600 多公顷。20 世纪 70 年代后期，牡丹以中药材的身份被种植、生产。改革开放以后，随着市场经济的发展，人民生活水平的提高，观赏牡丹的种植面积逐渐扩大。进入 20 世纪 90 年代，中国牡丹正式进入空前发展阶段。各地牡丹栽培规模不断扩大，栽培技术不断创新，牡丹的发展也与科技紧密结合起来，育种技术、花期调控技术日臻成熟，四季牡丹已成现实。时至今日，牡丹已从一朵花，发展成为集育苗、药用、食用、旅游、文化等于一体的新兴产业，成为产区国民经济发展的新增长点，牡丹产业正朝着现代化、集约化和规范化生产方向蓬勃发展。

纵观牡丹在我国的发展历程，其栽培中心随着历代政治中心的位移而变迁，其栽培规模随着社会和经济情况而荣枯，这是其他花卉所不能及的。因此，唯有牡丹，堪称国花。

第二节　牡丹名品

康熙七年（1668 年），苏毓眉到曹州府任儒学学正所著的《曹南牡丹谱》是曹州牡丹的第一个牡丹谱，对玉玺凝辉、天香湛露、花王、掌花案、状元红、金玉交辉、何园白、豆绿等 77 种名品牡丹做了色彩分类。

乾隆五十七年（1792 年）4 月，余鹏年所著的《曹州牡丹谱》是曹州牡丹第一部较详尽、较完整的牡丹谱记，简要描述了金玉交辉、姚黄、雨过天晴、飞燕红妆、梅州红、状元红、昆山夜光、魏紫、池塘晓月、娇容三变等 56 个品种。

清道光十二年（1832 年）何迥生作序的《桑篱园牡丹谱》（赵孟俭编撰），介绍牡丹品种 151 个。

清宣统元年（1909 年），赵世学编撰《新增桑篱园牡丹谱》，增记牡丹 50 余种，共记花王、斗珠、傲阳、二乔、肉芙蓉、十八号、掌花案、赵红等牡丹品种 202 个。

1955年，专家统计菏泽牡丹花色品种有昆山夜光、白玉、粉二乔、冰凌罩石红、一品朱衣、春红争艳、大胡红、状元红、豆绿、娇容三变、蓝田玉、雨过天晴、青龙卧墨池、第一乔、赵粉、紫金荷等118个。

2002年4月，菏泽103个牡丹新品种通过了中国花卉协会牡丹芍药分会新品种审定委员会的审定。

2004年，菏泽牡丹品种新增天香一品、雪原、梅红富贵、粉楼点金、月宫仙子等29个品种，总品种数量达到1 081个。

2017年11月4日，中国花卉协会牡丹芍药分会批准了菏泽申报的和田玉、奇花异彩、春秋粉、文海、金针红袍、一品娇艳、金带白鹤、百园紫楼、擎天白、粉球翠羽、翠点玲珑、粉玉雄狮、粉剪绒、春华秋丽、风花雪月、春秋锦、第一春、紫叶红绫、怡园春芳、红迎春、月到中秋、皓芳22个新品种登录，菏泽牡丹品种达到1 259个。

2021年11月，中国花卉协会牡丹芍药分会批准菏泽的鹦鹉粉楼、迎春争润、火焰菊、火炼墨玉、红娃娃、金星紫、富贵端庄、粉塔、瑞雪兆丰年、紫楼朝阳、梨园春晓、擎天紫、姊妹双骄、姊妹探春、雷泽湖光、火龙舞、银边红、欢聚一堂、春晖盈露、大紫、阳蓝21个牡丹新品种登录，菏泽牡丹品种达到1 280个。

一、红色系

红莲、红峰、红云、红荷、红霞、红葵、红玉、红一、红绫、红乔、晓晴、紫霞、藏娇、鲁菏红、团红、彩球、银红、春红、天香、晓光、托桂、菊红、晚霞、晨辉、洪福、文海、仙姑、娇妍、秦红、旭日、紫玉、春晖、仙桃、多娇、唇红、烈焰、落雁、明霞、娇丽、祥云、艳装、霞光、晨红、珠光、壮红、云梦、长虹、旭光、晚紫、晨霞、夕照、金丽、群英、花缨、胡红、朝衣、彩绘、红辉、羞红、银河、银珠、晓云、丹阳、赤阳、华帝、王红、娇红、脂红、团结、金光、玫菊艳春、明星（曹州红）、红岩（狮子头）、宏伟（红卫红）、美艳、送春（立新花）、宏图（起宏图）、妙红（红玉版）、羞月、文阁（文革红）、星空（乌鸦羽）、天婴（少女装）、秦娥、宫灯（红灯）、红馨（红心向党）、锦红（金奖红）、彤云（一代风光）、红樱（樱花露霜）、紫绢（百园盛景）、烽火（火炼金丹）、彩红、傲阳（赵园红）、银红莲、夕霞红、罗绒红、金星红、庆云红、五月红、百园紫、紫绒球、紫绒魁、罂粟红、葵花红、新一代、竹叶红、墨紫莲、大合欢、玫瑰红、素女装、紫红莲、短茎红、金环红、状元子、先春红、锦红缎、罗春池、乔子红、珊瑚树、红绣球、满园红、青心红、皱叶红、锦旗红、锦云袍、红莲碟、魁首红、墨魁子、秀群芳、英模红、案红子、紫霞冠、丹顶鹤、映山红、群英会、满堂红、红花魁、朝阳红、高秆红、苏家红、秀丽红、鹤顶红、景彩红、花园红、进宫袍、何园红、锦袍红、暮春红、红宝石、杜鹃红、海棠红、紫红绫、大瓣红、紫霞仙、八宝镶、似荷莲、朱砂垒、罗汉红、满江红、新娇红、百花魁、丝绒红、醉西施、长寿红、古园红、皱瓣红、粉蝶舞、红霞楼、绿洲红、辉紫楼、红锦缎、出云红、丹景红、百花子、交易红、富贵红、双红楼、分外娇、申奥红、群芳妒、牡丹菊、水红石、紫红楼、团结红、小紫球、红二乔、风雷激、洪都盛、紫金冠、天霞紫、赵家红、银红皱、日落云、桃花扇、卫东红、叶里红、小桃红、万花魁、九大红、劳动红、似锦袍、紫红球、红蝴蝶、醉鸳鸯、卷叶红、掌花案、锦云红、彩云飞、五一红、舞红绫、紫玉奴、玛瑙翠、藏花红、新社红、文公红、石榴红、美人红、似首案、西江锦、胭脂图、种生红、红彩球、三英士、庞飞羽、东方红、紫金盘、首案红、藏枝红、小胡红、鲁菏红、守重红、麻叶红、红玉楼、丛中笑、状元红、萍实艳、变叶红、红霞绘、西瓜瓤、珊瑚台、东方锦、万花盛、鸡爪红、五洲红、迎日红、团叶红、银红楼、大胡红、百花妒、向京红、似蓉红、红绣楼、皱纹红、十八号、平顶红、胜胭脂、红月娥、璎珞红、银红球、迎翠红、小叶红、朱砂葵、早春红、俊艳红、红绫艳、红颜荷、红珠女、栗皮红、九都艳、早艳红、红绫艳、捧盛子、朱砂红、桃花红、帝苑春、洛阳春、洛春晖、红迎春、洛女装、绯颜女、洛女璎、火焰菊、红娃娃、火龙舞、银边红、一品红、大蝴蝶、百园红、彩云红、紫茎红、红麒麟、五星红、殿春芳、大叶红、大叶红、一寿星红（国红）、紫二乔（洛阳红）、绯艳装（万花争春）、大桃红、映红（迎红军）、莲花争润、红玉镶金、红玉含翠、红蝶飞舞、碧波绯霞、银红争春、银红焕彩、大红剪绒、紫红金蕊（紫光阁）、旭日东升、山花烂漫、红梅点翠、翠点胭脂、飞虹流彩、出梗绣球、紫蓝逐波、鹦鹉戏梅、霓裳羽衣、春意盎然、红艳夺金、丰富多彩、艳红生翠、金丰花红、红旗漫卷、飞雁凌空、银红恋春、海棠争润、桃红金翠、长枝芙蓉、天香夺锦、璎珞宝珠、朱红绝伦、红梅报春、紫红争艳、襄阳大红、粉云金辉、丹皂流金、桃花系金、姿貌绝伦、西施浣纱、天姿国色、银红映玉、红梅傲霜、层林尽染、富贵满堂、重楼点翠、一品朱衣、枞红飞翠、艳珠剪彩、红霞迎日、乌龙捧盛、霓虹焕彩、杏花春雨、桃红多翠、姿貌绝伦、百园芙蓉、红楼点翠、红楼二尤、红云遇霜、红霞风光、银翠红霞、锦绣山河、重重叠叠、百花娇艳、桃花娇艳、天然富贵、阳红凝辉、红云飞片、红莲满塘、红莲点金、红衣少女、玛瑙镶翠、金丝贯顶、金谷春晴、霞光普照、繁花似锦、胭脂点翠、火炼墨玉、姊妹双骄、姊妹探春、金针红袍、一品娇艳、紫叶红绫、百园藏娇、红凤照水、出梗夺翠、红霞藏翠、百花向阳、春暖意浓、中原春光、凌波仙子、千褶绣球、紫艳夺珠、紫艳夺轮、百花齐放、金星闪烁、大红宝珠、大展宏图、红楼藏凤、桃红争艳、艳球剪彩、春红争艳、出水芙蓉、百园之秀、红装素裹、喜送贵客、红霞镶翠、红霞夺翠、紫艳秀丽、粉盘盛宴、百园春色、百园春光、共享芬芳、银红绿波、红绒剪彩、桃红点翠、乌龙集盛、百花迎客、紫云风波、百花争艳、桃花点翠、桃花多娇、胭红金波、虞姬艳装、大红一品、风展红旗、紫绒剪彩、艳溢香融、大红夺锦、艳紫映辉、桃李争艳、红霞争辉、宫娥娇装、春红娇艳、闭花羞月、飞燕红装、红花露霜、桃红娇艳、青龙镇宝、百园红霞、紫葵飞霜、红梅飞雪、红莲献金、浮水红莲、冠世红玉、竹影玫红、红菊照水、满院春光、蝴蝶报春、银红娇艳、紫玉金辉、紫霞金光、红凤展翅、天香绣球、红光献彩、桃红露霜、紫葵向阳、红光闪烁、洋红戏金、红霞点翠、玫红向阳、莲花宝座、锦鸡报晓、红日浴波、公社新装、祥光西起、桃红滴翠、栋蓝负重、天香凝霜、青龙戏桃花、蝴蝶戏桃花、金针绣红袍、大红光夺锦、长茎绿心红、大红点金、红艳金辉（紫艳争辉）、红艳碧蕊（桃红绿心）、古园遗风（赛葛巾）、水映珊瑚（珊瑚照水）、火炼碧玉（火炼绿碧）。

二、黄色系

姚黄、黄鹦、乳黄、黄丽、黄辉、雏鹅黄、黄鹤羽、黄金翠、雏凤羽、金玉玺、御衣黄、金轮黄、黄翠羽、大叶黄、黄花葵、古铜颜、西湖黄、甘草黄、古城春色、金玉交章、玉玺映月、池塘晓月、金桂飘香（三队黄）。

三、白色系

雪塔、浪花、玉冠、玉蝶、雪球、佳丽、银月、白莲、瑞雪、白鹤、玉凤、绢白、鹤白、春雪、宋白、雪桂、白玉、残雪、香玉、白鹅、皓芳、雪莲、景玉（赛雪塔）、白天鹅、五月白、新白色、白蝴蝶、碧玉簪、大瓣白、三圆白、白鹅毛、擎天白、和田玉、新兰色、白绣球、玉版白、玉珑杯、皱瓣白、雪中笑、紫润白、玉蝴蝶、水晶白、柳叶白、晚春楼、一点红、木槿白、三青白、熊掌白、天鹅绒、凤丹白、梨花雪、白莲香、白雪塔、杏花白、清香白、白鹤羽、白玉冰、水晶球、玉罗汉、蝴蝶舞、蝴蝶泉、冰清玉洁、飞雪迎夏、青山积雪、梨花迎雪、白鹤展翅、亭亭玉立、风花雪月、梨园春晓、玉盘托金、金星雪浪、雪原紫光、月宫烛光、金带白鹤、粉装素裹、玉蝶飞舞、琉璃贯珠、玉龙白云、梨园春雪、雪山青松、白衣金带、碧丛藏雪、三奇集盛、青翠欲滴、玉楼点翠、东月雪山、绿容多变、美玉绣球、白雪公主、北国风光、银桂飘香、雪映朝霞、冰壶献玉、昆山夜光、雪里紫玉、白鹤卧雪、月宫玉兔、白衣天使、玉兰飘香、玉滑冰肌、金玉良缘、昭君出塞、峨眉仙子、梨园春雨、奇花异彩、银冠紫玉（彩晶球）、柳林积雪（柳叶粉）、青山贯雪（石园白）、无瑕美玉（无瑕玉）、清香白玉翠、蝎爪含玉盘。

四、蓝色系

星辰、碧云、碧霞、阁蓝、蓝图、迟蓝、曦光、翔天、湖蓝、月华、云天、海波、蓝玉、蓝月、晴空、彩蓝、晨曦、京韵、阳蓝、蓝精灵、大朵蓝、古传玉、垂头蓝、蓝蝴蝶、蓝绣球、青心蓝、紫蓝玉、大叶蓝、冷光蓝、冲霄蓝、玉翠蓝、西施蓝、藕蓝魁、蓝宝石、大瓣蓝、粉蓝乔、蓝芙蓉、盛蓝楼、蓝翠楼、送春蓝、藕丝魁、蓝田玉、粉蓝楼、紫蓝魁、软枝蓝、淡藕丝、藕蓝盘、粉蓝球、晚霞璀、蓝中玉、粉蓝盘、海燕凌空、旭日升空、碧波夕照、碧海晴天、碧空金星、蓝紫绿心、层叠多娇、碧海仙洲、蓝线界玉、雨过天晴、冰罩蓝玉、万世生色、菱花争春、碧波霞影、百花展翠、飞霞迎翠、凌龙探海、蓝田飘香、碧海佛阁、绿云浮日、雷泽湖光、碧海轻舟、百园多娇、玉盘盛宴、翡翠荷花、蓝海碧波、雨后风光、九天揽月、蓝花魁、素妆蓝、宝蓝冠、彩蓝盘（彩蓝塔）、菱花湛露（雨露苗壮）。

五、粉色系

翠玉、冰粉、樱翠、名媛、春莲、月光、彩蝶、坠云、丽珠、仙娥、妙龄、春早、春阁、娇姿、桂粉、春风、春霞、彩霞、粉荷、羞容、鲁粉、赵粉、斗珠、芳姿、争春、剪绒、粉莲、金鳞、春景、洛神、粉塔、彩龙、咏春、娇女、彩云、玉娇（华夏多娇）、朝霞（海霞）、粉妆（沉鱼落雁）、肉芙蓉、春秋粉、玉姣翠、蟠桃皴、藕丝粉、玉田粉、百园粉、冰凌子、赛贵妃、美人面、美容娇、粉中冠、月娥娇、玉芙蓉、彩楼台、花展笑、大金粉、粉娥娇、少女裙、梨花粉、李园春、翠娇容、青翠蓝、满天星、灯白菊、鱼鳞粉、素花魁、凤蝉娇、友谊花、第一娇、凤丹粉、双粉楼、樱花粉、露珠粉、玉交翠、似菊花、粉二乔、瑶池春、嫦娥娇、粉玲珑、春来早、春泛图、盛丹炉、粉玉球、玉美人、赛斗珠、玉夫人、宫样妆、粉青山、娃娃面、观音面、淑女装、第一春、西施装、翠容娇、粉蓉面、玉娥娇、百花粉、娇美人、翠娥娇、小刺猬、粉剪绒、金秋粉、粉荷面、粉白菊、富贵春、满园春、翠叶粉、绣桃花（线绣桃花）、天霞粉（短枝桃花）、粉楼台（青龙盘翠）、青龙卧粉池、巾帼英姿（群模风姿）、春华秋丽、怡园春芳、翠点玲珑、银粉金鳞、粉云追月、梨花春雨、百鸟朝凤、软玉温香、欢聚一堂、蝴蝶醉粉楼、百园春景、青翠桃花、桃花遇霜、百园玉翠、粉翠荷花、桃花飞雪、蝴蝶落粉池、春色满园、春晖盈露、银红巧对、咸池争春、盘中取果、古斑同春、冰凌罩红石、如花似玉、银丝冠顶、鹦鹉粉楼、粉楼点翠、蝶舞花丛、玉田飘香、绿蝶舞粉楼、雪映桃花、单叶牡丹、百花争春、月到中秋、粉楼镶金、银粉铜雀春、桃花争春、七心宝珠、桃源仙境、粉盘锦球、荷花迎日、云蒸霞蔚、国色无双、春水绿波、鹦鹉闹春、粉楼报春、银粉藏翠、奇珠镶翠、玉面桃花、多花罗汉、粉荷飘江、粉楼春色、桃红献媚、贵妃插翠、粉面桃花、酒醉杨妃、玉楼春色、锦帐芙蓉、秀外慧中、雁落粉荷、群蝶飞舞、玛瑙荷花、玉翠荷花、软枝芙蓉、碧玉羞花、群星斗艳、粉盘托金、百家争鸣、巾帼英雄、闭月羞花、豆蔻年华、青山卧云、粉面多姿、桃源春色、英英藏娇、粉盘托桂、锦绣九都、粉球翠羽、粉玉雄狮、贵妃扮装、绝代佳人（粉面桃花）、彩衣天使（披异彩）、天香湛露（跃进花）。

六、黑色系

墨荷、墨素、墨紫、墨魁、黑妞、健将、金珠（墨紫绒珠）、赛墨莲、黑绣球、黑花魁、春秋锦、种生黑、赛珠盘、墨撒金、包公面、黑天鹅、黑夫人、锦绣球、春秋锦、墨剪绒、黑海撒金、墨池撒金、墨池映金、百园奇观、墨紫绒金、墨池金辉、乌金耀辉、墨润绝伦、珠光墨润、墨楼争辉、砚池金波、乌云集盛、冠世墨玉、黑海金龙、墨楼藏金、水墨丹青、日月交辉、青龙卧墨池、乌龙耀金辉、烟笼紫珠盘（烟笼紫）。

七、紫色系

紫云、堇菊、紫莲、墨紫、傲霜、落霞、海韵、叠云、西子、群峰、早霞、花首、春紫、赵紫、魏紫、紫蝶、紫阳、紫魁、魏花、紫阁、大紫、紫艳（紫雁飞霜）、堇冠（青翠玉滴）、大棕紫、紫金菏、葛巾紫、天香紫、紫向阳、桐花紫、暖光紫、种生紫、紫中冠、三色锦、小叶紫、枫叶红、茄花紫、紫霞绫、粉紫冠、长寿紫、紫纱罗、向阳红、玫瑰紫、五彩云、长茎紫、紫云殿、粉狮子、茄皮紫、李园紫、彩霞冠、紫绣球、海云紫、天竹紫、天香锦、大叶紫、丁香紫、翠叶紫、大魏紫、藤花紫、紫云仙、小魏紫、紫重楼、紫罗汉、稀叶紫、邦宁紫、泼墨紫、玉和红、紫凤塔、竹叶球、飞霞楼、玫瑰香、八宝红、彩云紫、深黑紫、丰花紫、锦袍紫、九都紫、飞燕紫、百褶紫、紫玉兰、宜阳红、紫玉冠、潇洒紫、九霄紫、紫金袍、紫宝冠、金星紫、擎天紫、层中笑、冠群芳、鸦片紫、霞间金、冷美人（赛丽花）、紫袍金带、映金红（跃进红）、紫瑶台（紫玲珑）、百花丛笑、堇楼夕照、紫凤朝阳、紫凤娇艳、紫玉撒金、赤鳞霞冠、紫霞镶玉、撒金紫玉、菱花晓翠、紫绒剪彩、粉云金光、紫气东来、紫盘托金、长茎紫葵、紫蝶飞舞、彩叶蓝玉、锦上添花、繁花争春、茄紫争辉、百园群英、墨玉生辉、紫楼宝珠、樱花点翠、紫艳夺金、紫艳遇霜、紫鹏展翅、紫衣系金、紫玉生辉、紫盘托桂、蓝紫绿心、紫衣冠群、紫霞点金、假葛巾紫、紫雁夺珠、银鳞碧珠、赤龙焕彩、风吹紫绫、墨池争辉、红玉争辉、百园争辉、紫墨映金、红霞藏金、紫艳藏金、紫霞夺金、紫霞点翠、紫艳夺目、墨紫生辉、赤龙含珠、紫艳飞霜、胜葛巾紫、紫基银丝、紫霞映金、紫红呈艳、茄花争辉、茄紫献彩、冰映紫玉、洒金紫玉、紫红金辉、紫红剪绒、紫盘筋白、堇紫向阳、堇粉晚球、迎春争润、富贵端庄、气壮山河、百园紫楼、粉紫映金、艳紫献金、花脸和尚、乌龙卧墨池、堇冠罗汉（蓝花冠）、粉紫含金（迎客红）、茄蓝丹砂（茄蓝争辉）、繁花闹春（百园颂）、粉紫向阳（百花展翠）、瑞雪兆丰年。

八、绿色系

豆绿、绿玉、绽绿、翠幕、绿珠、春柳、青香球、绿香球、翡翠球、荷花绿、娇容三变、红心雪浪、绿波浮鹤、三变赛玉、绿幕隐玉、绿野金辉、绿野仙踪。

九、复色系

彩菊、奇蝶、花二乔、种生花、富丽花、蝶恋春、平湖秋月、万叠云峰、奇花献彩、小叶花蝴蝶、大叶花蝴蝶。

第三节　牡丹育种

针对市场需求及牡丹品种存在的问题，我国牡丹育种的出发点和落脚点应兼顾其观赏、经济、药用和生态价值，进一步改良品种，增加牡丹新品种，更好地服务牡丹产业化发展需求。

一、牡丹的繁殖技术

1. 花色新奇，观赏性好

花色、花形都是牡丹花最直观的观赏性状。以花色为例，虽然在长期的栽培选育过程中，我国牡丹已经形成九大色系，实际上仍存在牡丹品种花色"丰富但不齐全"的问题，菏泽众多品种中，以粉色、红色占绝大部分，真正纯正的蓝色、黄色、绿色、鲜红色彩品种较为缺乏。反观西方国家，早在100多年前，就利用我国野生黄牡丹资源与栽培品种杂交得到一系列黄色品种，如今我们反而要以高价购入这些品种。

2. 培育长花期品种和早花、晚花品种

牡丹花期比较短，而且盛花期比较集中。开发单株花期较长的品种，增加早花、晚花品种数量，可延长观花时间的同时，提高牡丹的观赏价值，而且有利于提高牡丹的文旅价值，对于提高牡丹产业的综合效益意义重大。

3. 色香兼备，有利于鲜切花和盆栽推广应用

针对市场需求和产业化高质量发展的要求，要研发色香兼备的品种，促进鲜切牡丹花市场开拓和牡丹盆栽新品种推广应用，提高牡丹生产应用价值。以切花为例，目前我国应用于牡丹切花的品种主要来自中原牡丹品种群，这一品种群普遍存在植株生长势较弱、枝条短，瓶插寿命较短等缺点，大多数品种无法满足切花生产需要。因此，在牡丹品种选育中既要注重观赏性状，还要注重生长势、成枝率、成花率、切枝长短、瓶插寿命及最佳观赏期等切花特征。

4. 提高牡丹抗逆性，增强其抗病虫能力

培养耐寒、耐旱、耐湿热的品种是促进牡丹北上和南移的关键，是进一步增强牡丹适应性，使牡丹遍布我国的大部分国土，并走向世界的必要条件。我国牡丹主要产区每年均有不同程度的病虫害发生，既影响了牡丹的观赏品质，也增加了应对病虫害工作的生产负担，因此，选育抗病虫害能力强的牡丹品种非常重要。

5. 缩短实生苗开花年限，提高牡丹繁殖能力

牡丹实生苗开花年限长，一般 4～5 年才能开花，要通过育种，缩短实生苗开花年限，并提高扦插繁殖能力，促进牡丹繁殖，从而发展牡丹栽培产业。

二、牡丹新品种选育方法

1. 引种驯化

我国牡丹原始或早期品种的获得途径之一就是直接引种驯化野生牡丹。如今对野生牡丹的引种和栽培主要是为了保存野生种质资源并用于新品种培育。引种栽培还包括从其他国家或地区引进具有观赏价值或经济价值的品种来丰富当地的品种资源。如国外早期对我国野生牡丹资源以及一些栽培品种的搜集和引种。经过我国育种人员的不懈努力，培育出了一系列具有鲜明特色的新品种。

2. 选择育种

据不完全统计，通过选择育种培育的牡丹品种约占全国牡丹品种总数的一半以上。选择育种包括实生选择育种和芽变选择育种。实生选择育种是指天然授粉所产生的种子播种形成实生苗，在初开花的 1～2 年内进行反复评选，决定去留，最后将符合人们需求的单株育成新品种。牡丹栽培个体受到环境条件、栽培技术以及体内代谢的影响会产生体细胞突变，进而形成芽变，将选中的芽变与母体分离、嫁接固定并长期培育，最终形成新品种。如 1971 年，菏泽花农利用乌龙捧盛的芽变培育出了牡丹新品种玫瑰红。

3. 杂交育种

杂交育种是培育花卉新品种最主要的方法和有效途径。20 世纪 60 年代开始，山东菏泽进行牡丹杂交育种，培育了一批批表现突出、性状稳定的优良株系，如曹州红、绿幕隐玉、青龙镇宝、似品红、墨池争辉、景玉等。但它们都是品种群内的近缘杂交产物，由于亲本关系较近，遗传背景相似，品种的创新具有局限性。

远缘杂交则是种质创新更有效的途径，是指不同种、属或亲缘关系更远的物种之间的杂交，如美国人桑德斯将野生牡丹与栽培牡丹杂交，以及日本人伊藤将牡丹与芍药杂交，都育成了新品种。这些成功的例子也让我国牡丹育种者打开了思路。我国野生牡丹资源丰富，野生种的遗传多样性高于栽培品种，以牡丹野生种为亲本，开展野化育种的远缘杂交，非常有利于牡丹品种的更新与发展。我国目前也大量开展了牡丹、芍药的杂交育种工作。

4. 诱变育种

诱变育种是人为地利用物理、化学和生物等因素诱导植物遗传物质发生变异，然后根据育种目标从变异中加以选择，培育出新的物种或品种。人工诱变可以有效地改良品种的个别性状，同时大大提高突变频率。化学诱变主要是通过秋水仙素等化学药剂，对牡丹进行诱变使其产生多倍体，从多倍体中选出新品种，因此，这种方法也称倍性育种，这也是改进牡丹观赏品质和经济价值的途径之一。物理诱变技术有太空诱变、离子束照射诱变等。太空诱变，是利用太空搭载等综合技术对目标进行诱变。太空诱变育种是集空间技术、现代化农业技术以及分子生物技术于一体的跨学科的新技术。与常规的地面育种相比，太空诱变其优势在于变异频率高、变异幅度广、变异方向不确定。2002 年 200粒牡丹种子随"神舟三号"飞船在太空绕地球飞行 108 圈耗时 6 天 18 个小时，这是中国首次利用在太空的失重条件对牡丹进行诱变实验。同年 9 月，这批种子播种在山东菏泽百花园中。经过多年的栽培繁殖，现存活 30 多个牡丹品种，200 余株。2011 年 11 月，982 粒洛阳牡丹与芍药种子又伴随"神舟八号"的发射升空，经历了长达 397 小时的太空之旅。同年 12 月，250 颗从太空带回的牡丹种子在洛阳国际牡丹园播种，剩余种子分别于 2012 年和 2014 年播种。与普通牡丹相比，这些"太空牡丹"植株强壮、花期略长，花色、花形也有所变化。我国航天事业的快速发展，为深入研究太空诱变育种提供了有利条件。相信今后将会有更多性状新奇、遗传稳定的"太空牡丹"被创造出来。

5. 分子育种

20 世纪中后期到 21 世纪初，生命科学与生物技术的飞速发展，推动了农业育种由"耗时低效的传统育种"向"高效精准的分子育种"的革命性转变。在牡丹育种中，虽然传统育种技术仍然占据重要地位，但现代分子生物技术带来了更多可能性，它克服了传统育种方法周期长、效率低、定向育种精确度低等缺陷，同时还打破了物种间的生殖隔离，实现了优良基因的重组。现代生物

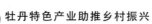

科学技术与传统育种方法相结合，必将加速牡丹新品种的选育。

第四节　常规育种技术

一、广泛收集种质资源

广泛收集牡丹的种质资源是牡丹育种工作的重要一环。种质资源是培育新品种的基础。全世界牡丹品种繁多（约有 1 600 多种），除中国原产的种类外，在世界各地还分布有 17 个种及若干亚种、变种。种质资源包括野生种、半野生种、近缘种、地方品种以及新品种等。下面简要介绍几种我国的牡丹种质资源。

（一）牡丹组

1. 牡丹（*Paeonia suffruticosa*）

该种有两个亚种：原亚种（*Paeonia suffruticosa* subsp. *suffruticosa*）为栽培种，主要分布于中国中原一带。另一亚种是银屏牡丹（*Paeonia suffruticosa* subsp. *yinpingmudan*），为野生种。

2. 矮牡丹（*Paeonia jishanensis*）

自然分布于山西、河南和陕西。高约 1.5 米。小叶 9 枚，花白色，部分微带红晕。花期 4 月下旬至 5 月上旬。

3. 卵叶牡丹（*Paeonia qiui*）

该种仅见于湖北省神农架，分布于海拔 1 600～2 000 米处。高 60～80 厘米。小叶 15 枚，卵形或卵圆形，较大。花粉色或粉红色，花期 4 月下旬至 5 月上旬。

4. 杨山牡丹（*Paeonia ostii*）

该种分布于秦岭山脉从湖北省保康县向南到湖南省西北部、河南省西部、陕西省南部至甘肃省东南部。高约 1.5 米。小叶 15 枚，窄卵状披针形。花白色，花瓣基部有淡色晕，花期 4 月中下旬，$2n=10$。

5. 紫斑牡丹（*Paeonia rockii*）

该种分布于秦岭山脉，亦见于大巴山及其东延余脉神农架林区，向北分布到黄土高原及子午岭、陇山等山地，海拔 1 000～2 000 米。紫斑牡丹高约 1.5 米。原亚种（*Paeonia rockii* sp. *rockii*），小叶多为 15～21 枚，卵形或卵圆形，常 1～3 深裂，$2n=10$；长叶亚种（*Paeonia rockii* sp. *linyanshanii*），小叶 21 枚以上，甚至多达 70 枚，披针形或窄卵形，全缘，花均为白色，花瓣基部具墨紫色斑，花期 5 月，$2n=10$。

6. 四川牡丹（*Paeonia decomposita*）

分布在四川省马尔康市、金川县及茂县、汶川县一带。甘肃迭部县也有分布。海拔 2 600～3 100 米。高约 1.6 米。全体无毛。叶多为三回、稀为四回三出复叶。花淡紫色至粉红色。花期 4 月下旬至 5 月上旬。$2n=10$。

7. 滇牡丹（*Paeonia delavayi*）

该种见于云南省北部及四川省西南部海拔 2 300～3 700 米处。高约 1.5 米。花红至紫红色，具大型总苞，花期 5 月上旬。

8. 黄牡丹（*Paeonia lutea*）

该种分布较广，见于云南省中部、北部及西南部，西藏自治区东南部及四川省西南部海拔 2 500～3 500 米处。高 0.5～1.5 米。花黄色、黄绿色，有时花瓣基部有紫褐色斑。花期 4 月下旬至 5 月上旬。

9. 狭叶牡丹（*Paeonia potaninii*）

该种见于四川省西部及云南省中部、北部海拔 2 300～3 700 米处。有变种金莲牡丹，花鲜黄色，花冠钟形，花头直上。其变型银莲牡丹，花白色，具芳香。狭叶牡丹高 1～1.5 米。小叶裂片近线状披针形。花红色至紫红色。花期 5 月。

10. 大花黄牡丹（*Paeonia ludlowii*）

该种仅见于西藏自治区东南部米林、林芝一带海拔 2 700～3 300 米处。该种株型高大，高可达 2.5～3.5 米。叶片大型，小叶裂片较宽。花大，金黄色。花期 5 月至 6 月下旬。

（二）我国有分布的芍药组

1. 草芍药（*Paeonia obovata*）

该种分布范围较广，在我国南起中国湖南省西北部、四川省东南部，北至北部边界，西起中国四川，东至中日边界。根粗壮，长圆柱形。株高 30～70 厘米。花有红色、紫色及白色。花期 5 月至 6 月中旬。$2n=10, 20$。

2. 山芍药（日本芍药）（*Paeonia japonica*）

产于日本北海道至四国地区，中国东北长白山亦产。性耐阴，可作为地被植物。株高约 50 厘米。根茎浅而横走。花白色。花期 4～5 月。$2n=10$。

3. 美丽芍药（*Paeonia mairei*）

该种见于云南省东北部（巧家县）、贵州省西部（毕节市）、四川省中南部、陕西省和甘肃省南部。株高 50～100 厘米。花红色。花期 4～5 月，果期 6～8 月。$2n=10$。

4. 芍药（*Paeonia lactiflora*）

分布于中国东北、华北及陕西、甘肃等地。该种有变种毛果芍药（*Paeonia lactiflora* var. *trichocarpa*）及毛茎芍药（*Paeonia lactiflora* var. *villosa*）。芍药根粗壮，株高 40～70 厘米。叶缘具有白色骨质细齿为该种特征。花白色，花期 5～6 月。$2n=10$。

5. 多花芍药（*Paeonia emodi*）

产于中国西藏自治区南部（吉隆县）。茎高 50～70 厘米。一茎着花 3～4 朵，花白色。$2n＝10$。

6. 白花芍药（*Paeonia sterniana*）

产于中国西藏自治区东南部（察隅县、波密县）。茎高 50～90 厘米。花通常 1 朵，白色。$2n＝10$。

7. 川赤芍（*Paeonia veitchii*）

该种见于西藏自治区东部、四川南部、青海东部、甘肃中南部及陕西南部等地。该种有变种毛赤芍（*Paeonia veitchii* var. *woodwadii*）、光果赤芍（*Paeonia veitchii* var. *leiocarpa*）、单花赤芍（*Paeonia veitchii* var. *uniflora*）。川赤芍根圆柱形，粗 1.5～2 厘米。茎高 30～80 厘米。一茎着花 2～4 朵，紫红色至粉红色。花期 5～6 月，果期 7 月。$2n＝10$。

8. 新疆芍药（*Paeonia anomala*）

该种分布于新疆维吾尔自治区北部阿尔泰山区。根圆柱形，多分枝。茎高 40～80 厘米。花单生茎顶，紫红色，萼片顶端全具尾状尖。花期 6～7 月，果期 7～8 月。

9. 块根芍药（*Paeonia intermedia*）

该种分布于新疆维吾尔自治区阿尔泰山及天山山区，甘肃省祁连山东段亦产。块根纺锤形或近球形。茎高 50～70 厘米。花单生茎顶，紫红色，萼片顶端不具尾状尖。花期 5～6 月，果期 8 月。$2n＝10$。

（三）其他国家或地区分布的芍药组

1. 伊比利亚芍药（*Paeonia broteri*）

原产于北非及伊比利亚半岛南端，喜温暖。株高 30～40 厘米。花粉色。$2n＝10$。

2. 巴利阿里芍药（*Paeonia cambessedesii*）

产于西班牙巴利阿里群岛。株高 30～45 厘米。花玫瑰红色。$2n＝20$。

3. 革叶芍药（*Paeonia coriacea*）

株高约 55 厘米。花玫瑰色。$2n＝20$。产于西班牙南部和摩洛哥。喜温暖。

4. 科西嘉芍药（*Paeonia corsica*）

产于法国科西嘉岛。花紫红色。

5. 圆叶芍药（*Paeonia daurica*）

产于克里米亚、希腊及小亚细亚、高加索等地区。株高 36～62 厘米。花粉红色。$2n＝10$。

6. 大叶芍药（*Paeonia daurica* subsp. *macrophylla*）

产于高加索西北部。该种与高加索芍药相近，唯小叶较大，心皮光滑。$2n＝10$。

7. 南欧芍药（*Paeonia mascula* subsp. *arietina*）

产于欧洲东南部及小亚细亚。株高 60～90 厘米。花红色。$2n＝10$。

8. 珊瑚芍药（*Paeonia mascula* subsp. *mascula*）

产于黑海至中欧的狭长地带。株高 60～90 厘米。花红粉色。$2n＝10，20$。

9. 粉芍药（*Paeonia mascula* subsp. *russi*）

产于科西嘉岛及西西里岛，喜温暖。株高 24～35 厘米。花玫瑰色。$2n＝20$。

10. 黄花芍药（*Paeonia daurica* subsp. *mlokosewitschii*）

产于高加索中东地区。株高约 55 厘米。花淡黄色。$2n＝10$。

11. 北美芍药（*Paeonia brownii*）

产于美国西部。株高 20～40 厘米。花紫红色。$2n＝10$。

12. 加州芍药（*Paeonia californica*）

产于美国加利福尼亚中南部。株高 35～60 厘米，花紫色。$2n＝10$。

(四) 收集引进种质资源应注意的问题

①注意原产地与引种地气候、土壤条件的差异，引种与逐步驯化相结合，循序渐进。

②苗木引进与采集种子播种相结合；引种驯化与杂交育种、实生选育相结合。对于有一定抗性的种类直接引进苗木栽植，可大大缩短引种工作进程，但不应忽视近区采种、逐步驯化改良的原则，这对于东北地区的抗寒育种与南方的抗湿热育种尤为重要。

③注意小气候条件的应用。

二、实生选种

实生选种是在天然授粉所产生的种子播种形成的实生苗群本中，通过反复评选，即经单株选择育成新品种。牡丹属于异花授粉植物，个本杂合性强，自由授粉子代发生分离，变异丰富，尤其当收集来的许多种质资源集中栽培时，由于不同种质资源之间的相互传粉，后代变异更加广泛。因此，实生选种对牡丹来说是行之有效的育种方法，至今各地仍广为应用。父本为混合花粉，母本也没有挂牌采种，因此是一种不定向的混合人工杂交育种。杂交时，首先于初花期从不同品种上大量采集花粉，均匀混合后置于干燥阴凉处 1～2 天，到盛花期柱头大量分泌黏液时授粉，次日重复授粉 1 次。在 1976—1996 年的 20 年中，应用该方法共培育各种开花杂交实生苗 32 万多株，通过筛选，最后选育并命名 533 个新品种，涉及 9 种花色、7 种花形。

实生选种持续时间较长，需要在初开花的 1～2 年内尽快进行初选，决定去留。掌握初花时的某些性状表现及其发展趋势，为初选提供一定依据。多年来一些育种家在紫斑牡丹新品种选育方面积累了一定经验（陈德忠、李嘉钰，1995）：①初开花时雄蕊多达 100 枚以上的品种，以后多是单瓣花；初开花时雄蕊少，花瓣也少，以后多为重瓣；②初开花时雌、雄蕊已有少量瓣化或变态的，以后逐渐变为重瓣；③有些重瓣品种不易结实，或结实后种子较弱，其实生苗也较弱，但往往是有较高观赏价值的植株；④花瓣的大小、多少及香味浓淡与水肥条件、栽培管理条件密切相关。初选时，可根据以上要点，结合预先制定的选择标准，决定去留。

三、芽变选种

牡丹在栽培过程中，受各种理化因素的影响，可能发生体细胞突变，从而形成芽变。芽变选种是获得新品种的重要途径。要特别注意观察，一旦发现某品种个别单株的株型、叶形、花形、花色、抗逆性等性状发生变异的现象，要将性状优良单株单独繁殖选育，以期获得新的优良品系。如山东省菏泽市的玫瑰红就是从乌龙捧盛的芽变中选育出的新品种，其品种明显优于原品种。洛阳花农也曾从紫二乔芽变中选出关公红、鹤顶红等品种。

四、杂交育种

牡丹的杂交，特别是远缘杂交引起的基因重组，可以产生全新性状及全新类型。杂交育种费工、费时，但仍然是牡丹育种中的一个重要方法。首先要确定育种目标，根据目标设计杂交组合。现介绍牡丹杂交育种的关键技术环节。

（一）杂交组合的设计原则

育种目标确定之后，杂交组合设计的正确与否，直接关系到杂交育种的成败。首先应注意选择杂交亲本，亲本必须具备育种目标所需要的突出的优良性状，双亲之间的优点、缺点要能相互弥补。在远缘杂交情况下，杂交育种所用母本更需要慎重选择。

1. 根据牡丹性状的遗传表现确定杂交亲本

（1）牡丹花色的遗传表现。牡丹花色的遗传相当复杂。亲本遗传给后代的是控制色素的种类、含量、分布以及控制细胞液酸碱度使生成助色素等的基因。牡丹花瓣中的色素有矢车菊素-3 葡糖苷（Cyanidin-3 monoglucoside，简称 Cy3G）、天竺葵素-3 葡糖苷（Pelargonidin-3 monoglucoside，简称 Pg3G）、芍药花素-3，5 二葡糖苷（Peonidin-3，5 diglucoside，简称 Pn3G5G）、矢车菊素-3，5 二葡糖苷（Cyanidin-3，5diglucoside，简称 Cy3G5G）、天竺葵素-3，5 二葡糖苷（Pelargonidin-3 monoglucoside，简称 Pg3G5G）。Pn、Cy、Pg 分别代表相应的色素配基（aglycone）。除上述色素外，最新的研究表明，牡丹花瓣中还有 Ap（apigenidin）、Km（kaepferoD、Qu（quercetin）、Lu（luteolinidin）等多种色素，它们对花色的表现也有一定的影响。

牡丹野生种间花色素组成差异较大。花瓣色素以 Pn3G5G 为主，色斑色素以 Cy3G 为主（表 1-1）。

表 1-1 牡丹野生种的色素构成（%）

亚组	种	Pn3G5G	Pg3G5G	Cy3G5G	Cy3G	Pn3G
革质花盘	矮牡丹	85	13	2		
	四川牡丹	97				
	紫斑牡丹	50			40	10
	紫斑牡丹色斑	10		4	65	21
肉质花盘	滇牡丹	48～59		11～16	15～22	11～16
	窄叶牡丹	20		20	50	10
	黄牡丹	100				
	黄牡丹色斑	52		√	21	√
	金莲牡丹	√				√

注："√"表示有微量检出。

中国中原牡丹品种群和日本牡丹品种群在花色素组成上有明显不同，尤以红色系品种差别较大。日本牡丹以 Pg 系的 Pg3G5G（红色）或者 Pg3G（鲜红色）为主要色素，而中原牡丹则以 Pn 系或 Pg 系为主。从配糖体水平看，日本牡丹属 3G5G 和 3G 均衡型，3G 色素含量稍高。而中原牡丹色素以 3G5G 为主，3G 次之，Pn3G、Cy3G 少量存在，Pg3G 几乎没有。粉色系品种中，日本牡丹 3G 色素含量明显高于中原牡丹，其他特征相同；紫色系除个别品种外，基本相同，整体上看，日本牡丹中红色品种较多，而中原牡丹红紫色品种较多。由于中国中原牡丹中 Pg3G 含量很低，因而难以看到特别鲜艳的红色系品种。中国西北牡丹品种群和中原牡丹品种群之间色素组成也存在显著差异。如兰州宁园粉的花瓣中，非斑部分 Pn 系和 Pg 系的含量近等，Cy 系含量较低，且全是 3G5G；棕色斑部分 Pn 系和 Cy 系含量大致相当，Cy 系较高，且有较高的 Cy3G 含量。其他西北牡丹的色素由 Pn 系的 Pn3G5G 和 Cy 系的 Cy3G5G、Cy3G 所组成，Pn3G 含量很低，几乎不含 Pg 系色素，这是西北牡丹中缺少鲜红色和鲜粉色品种的重要原因。此外，Cy 系色素含量高，非斑部分以 Pn3G5G 为主要色素，Cy3G5G 次之；斑部因其颜色的不同，棕红色斑以 Pn 系为主，黑色斑则以 Cy 系为主，而且 Cy3G 的含量与 Cy3G5G 大体相当，有些品种 Cy3G 的含量超过了 Cy3G5G 的含量。可以说，Cy 系色素配基的单双糖配糖体化、高含量及其在花瓣基部的生成，形成了西北牡丹品种群具有紫斑的特色。另外，根据标准色谱的对比分析，该品种群几乎没有红色系品种。延安牡丹色素构成较为复杂，大体上可以分为三类：一是有色而不带斑的品种，以 Pn3G5G 为其主要色素，含有少量 Cy3G5G 色素；二是白色不带斑的品种，只含 Pn3G5G 色素；三是带斑的品种，以 Pn3G5G 为主，Cy3G5G 次之。带斑的品种又可以再细分为含 3G 和不含 3G 色素两类。含 3G 色素的品种斑部 Cy3G 含量比较高。延安牡丹和兰州紫斑牡丹的共同点是大多数品种不含 Pg 系色素。其中第三类带斑且含 3G 色素的品种，与兰州紫斑牡丹中的夜光杯、红莲、红鹤、蓝绣球等品种，具有近似的色素构成。

借鉴欧美在牡丹育种中应用黄牡丹、紫牡丹的成功经验，我国今后的花色育种应充分发挥肉质花盘亚组中各个种的巨大潜力。另外，要在分析色素组成的基础上进行亲本的选择与组合。不同起源（包括种源与产地）的品种（群）间色素组成有所不同，不同色彩的品种之间色素组成也有差异。这样，在花色选育中，为了育出鲜红色牡丹品种，作为育种亲本应具有较高的 Pg3G 色素含量和较低的助色素化指数（即 Co-pingment ation 指数）。中国牡丹中缺乏 Pg3G 色素含量高的品种，有必要引进一些 Pg3G 色素含量高的日本牡丹如芳纪、新岛辉、红辉狮子等作为育种亲本。若能将 Pg3G 色素生成基因导入到罗汉红、胭脂红等品种中，通过品种间相互杂交和回交，有可能在 F2 中选育出更鲜红的品种。鲜紫色品种的选育，要求育种亲本具有高的 Pn3G5G 含量和高的助色素化指数，所以建议：一是选择中国牡丹如茄蓝丹砂、赵紫、宫样装、红馨、东方锦等作为育种亲本，二是引进日本牡丹丰丽、八云等高色调的紫色系品种作为育种亲本。

国内牡丹育种实践表明，紫斑牡丹的花色遗传受母性影响较大，白色遗传力较强。据陈德忠、李嘉钰的报告，在紫斑牡丹品种群长期育种实践中，花色性状的遗传表现为：以红色品种为母本、白色品种为父本时，F1 中红色占 35%，粉红和雪青色（淡蓝色）占 40%，白色占 25%，其比率为 7：8：5；以白色品种为母本，红色品种为父本时，F1 中 45% 为白色，40% 为淡蓝色和粉色，15% 为红色，比率为 9：8：3。

（2）牡丹花形的遗传表现。据陈德忠、李嘉钰研究，花形的遗传表现为：以单瓣品种为母本与重瓣品种杂交，F1 代中 65% 为单瓣，20% 为半重瓣，15% 为重瓣；以重瓣品种为母本，单瓣品种为父本时，F1 中 30% 为单瓣，40% 为半重瓣，30% 为重瓣。可见紫斑牡丹花形性状的遗传与花色一样，受母本影响大，且单瓣遗传性较强。另外，单瓣类品种间杂交，F1 中单瓣约占 75%，重瓣及半重瓣约占 25%，比率为 3：1，符合孟德尔的分离定律，说明所用的亲本实际上为杂合体。

（3）牡丹株高、株型等的遗传表现。在牡丹杂交组合甘肃紫斑牡丹（品种）与中原牡丹（品种）的杂交实践中，杂种 F1 代的表现：株高偏母本的占 26.7%，偏父本的占 22.5%，中间型占 50.8%；株型偏母本的（直立）占 67.0%，偏父本的（开张）占 24.8%，中间型的占 8.2%；叶形偏母本的占 57.5%，偏父本的占 8.4%，中间型的占 34.1%；花色中白色的占 41.0%，红色的占 30.5%，粉色的占 16.2%，淡蓝色的占 8.5%，复色的占 2.9%，紫色的占 0.9%；花形中单瓣的占 69.4%，半重瓣的占 10.0%，重瓣类的占 20.6%；紫斑类型中黑紫斑的占 69.3%，棕色斑的占 20.5%，棕红斑的占 10.2%。可以看出，其后代表现多偏向母本紫斑牡丹，也表明紫斑牡丹各性状的遗传力均较强。紫斑牡丹品种花瓣基部均有黑紫斑，而中原牡丹仅有 31% 的品种有紫红斑。其 F1 代中均有斑，且以黑斑或黑紫斑占多数，说明黑斑遗传力极强。在这些杂交组合中，可选出兼有双亲优良性状、色彩艳丽、花形奇特、观赏价值高的品种，如光芒四射、柔情似水等。而中原牡丹（品种）与紫斑牡丹（品种）的杂交实践中，其性状大多偏向中原牡丹，花大部分为单瓣类型，全株外观极像凤丹。

2. 根据牡丹的杂交亲和性确定杂交亲本

确定杂交亲本时要注意品种群内不同品种与其他种的杂交亲和性，因为不同牡丹的杂交亲和性往往有较大差异。选用杂种作为母本进行种间杂交，有可能获得较好的结果。

牡丹组内以革质花盘亚组中的矮牡丹、紫斑牡丹与以杨山牡丹等为主形成的各种群进行杂交，均表现出较强的亲和力。只要亲本选择得当，常可得到优良新品种。如菏泽在原有的黑色系品种中，采用黑花魁与烟笼紫珠盘组合，从 F1 代选出冠世墨玉。而银红巧对、珊瑚台、粉中冠等新品种则是采用多父本的杂交后代育成。至于肉质花盘亚组中的紫牡丹、黄牡丹、大花黄牡丹等，已有一些种间杂交种育成新品种的报道。在野生种群中，也有天然杂种的存在。不过牡丹组内两个亚组之间的杂交有一定难度，但已有突破。早年法国学者用引进的黄牡丹与中国中原牡丹杂交，育出一系列黄色牡丹品种，后被称为 Lemoine 系。这些品种具有黄牡丹纯正的黄色，同时保留着中国中原牡丹高度重瓣、花头下垂等特点。常见的品种有 L'Esperance（金帝）、La Lorraine（金阳）、Souvenir de Maxine Cornu（金阁）、Chromatella（金）和 Alice Harding（金晃）。此后，美国 SaundersA. P. 又将黄牡丹、紫牡丹分别与日本牡丹杂交，其杂交后代颜色变化十分丰富，从深红、猩红到金黄、柠檬黄色均有。代表品种有含黄牡丹基因的金色年华和正午，含紫牡丹基因的中国龙和黑海盗。大花黄牡丹在英国曾被用于与普通牡丹杂交，培育出少数几个品种。

芍药组与牡丹组之间杂交难度较大。但 1948—1955 年，日本伊藤（Itoh）等人将芍药品种花香殿与黄牡丹系品种 Alice Harding 杂交取得成功。杂交后代被引种到美国后，又得到进一步发展，形成由一定品种数量组成的一个特殊品种类群——伊藤杂种。如 Yellow Crown 是由 Alice Harding 和 Kakoden（白色重瓣芍药）杂交获得，半重瓣，黄色。由相同组合获得的杂种还有 Yellow Dream、Yellow Emperon、Yellow Heaven 等，均为半重瓣，黄色，且瓣基有红斑。在美国的十几个伊藤杂种中，以黄色者居多，少数为白、粉、红、淡紫色。这些品种虽然已经具有了牡丹基因，但生长习性仍与芍药相同，属多年生草本。此外，在牡丹的育种中，野生种应用潜力很大，花色丰富，可利用其延长花期、增强抗性等。

（二）杂交方式的确定

根据育种目标要求，选定亲本以后，要根据亲本的性状特点确定杂交时采用的方式，一般杂交方式有以下几种。

1. 单杂交

即两个亲本，一个为父本一个为母本配成一对杂交。以 A×B 表示。当两个亲本优缺点能互补，性状总体基本上能符合育种目标时，应尽可能采用单杂交。单杂交时，两个亲本可以互为父母本，即 A×B 或 B×A，前者称为正交，后者则称反交。例如，黄牡丹×牡丹称为正交，那么，牡丹×黄牡丹则为反交。

2. 复合杂交

复合杂交又称复交，即在两个以上亲本之间进行杂交。一般先选配单交，然后根据单交的优缺点再选配另一单交组合或亲本，以使多个亲本优缺点能相互弥补。复交的方式因采用亲本数目及杂交方式不同而有多种：三交（A×B）×C，四交：［（A×B）×C］×D 等依此类推。复合杂交各个亲本的次序究竟如何排列，这就需要全面衡量各个亲本优缺点和相互弥补的可能性，一般将综合性好的或具有主要目标性状的亲本放在最后一次杂交，这样后代出现具有主要目标性状的个体可能性就大些。

3. 回交

两亲本杂交后代 F1 所选单株与原亲本之一进行杂交，即（A×B）×A（B），称为回交。一般在第一次杂交时选具有优良特性的品种作为母本，而在以后各次回交时作为父本，这个亲本在回交时叫轮回亲本。回交的目的是使亲本的优良性状在杂种后代中慢慢加强，从而把亲本的某个优点转移到杂种中。回交的次数视实际需要而定，最后使回交后代自交，从中选优。回交育种法主要用于培育抗性品种或用于远缘杂交中恢复可孕性和恢复栽培品种优点等。

4. 多父本混合授粉

由一个以上的父本品种花粉混合授给一个母本品种的方式，称多父本混合授粉。例如，中原牡丹×（紫斑牡丹＋大花黄牡丹）即是以中原牡丹品种为母本，以紫斑牡丹与大花黄牡丹的混合花粉为父本。另外，去雄后任其自由授粉实质上也是多父本授粉。

（三）牡丹杂交技术

1. 牡丹的开花习性

牡丹花期随品种、栽培地区的气候及栽培技术条件不同而有较大差异。牡丹单花开花过程可分为初开、盛开、谢花三个阶段。花朵初开是指花蕾破绽露色1～2天后，花瓣微微张开的时期。单瓣类初开期1～2天，重瓣类3～4天。此期最明显的特点是雄蕊成熟，初开第一天部分植株已开始散粉，第二天绝大多数散粉，少数延至第三天散粉。花瓣完全张开标志着进入盛开期。此时花径最大，花形、花色充分显现，散发香味，雄蕊干枯，花粉散尽，柱头上分泌大量黏液，盛花期3～8天不等，此时为人工授粉的最佳时期。谢花期是指花瓣凋萎脱落的时期。单瓣类一般从第五天开始，重瓣类从第七至第九天开始。此时，雄蕊脱落，柱头上黏液减少以至硬化，但少数品种此时才开始分泌黏液。

2. 牡丹的花器构造与传粉特点

芍药属植物为两性花，花器构造并不复杂。牡丹雌蕊的花柱很短或花柱与柱头分化不明显，柱头往往向外呈耳状转曲90°～360°，从而使受粉面积增大。柱头受粉面有明显的乳突，在进入盛花期时大量分泌黏液。

牡丹是典型的虫媒花。据观察，主要传粉昆虫以甲虫类和蜂类为主，蝇类为辅。这些昆虫的活动受天气影响较大，在一天之中一定温度范围内随温度升高而活动加强，中午达到高峰，此后又逐渐减弱，在阴雨天活动很少甚至停止活动。

牡丹一般雄蕊先成熟。不过按雌、雄蕊成熟的先后，牡丹品种仍可分为雄先型和雌雄同熟型两种类型。雄先型，即开花后雄蕊随即散粉，而雌蕊成熟滞后。有的品种是花粉散落后第二天柱头随即分泌黏液，有的品种是花粉散落后1～3天，柱头才分泌黏液。虽然相差1～3天，但是仍然不能完全排除自交的可能性，这类品种较少。所以，一般来说牡丹以异花授粉方式为主。雌雄同熟型，即雄蕊散粉的同时，柱头也开始分泌黏液。据李嘉钰、何丽霞等的观察，紫斑牡丹栽培品种大多有一定的自交结实率（2%～18%），但都比自然授粉结实率低得多，因此，该品种群是以异花授粉为主，但自交也是亲和的。可是根据赵孝和、何丽发表的研究内容，中原牡丹品种可进行自花及同品种内异花授粉，这说明随着品种的不同，其自交亲和性也不同，因此，在杂交育种时要考虑品种的自交亲和性，自交不亲和的则可以避免繁重的去雄工作，自花可育的应该人工或化学去雄。

3. 牡丹的授粉技术

（1）花粉的收集。开展牡丹杂交工作时，可以将已散粉花朵的花粉，直接授到母本柱头上，但这样不能保证花粉的纯度。最好预先套袋，以免掺杂其他花粉。也可摘取即将开放的花朵，在室内阴干，花药开裂后收取花粉。

（2）花粉的贮藏。当杂交亲本花期不遇时，需要进行花粉贮藏。贮藏花粉可以使一些迟开花的亲本和早开花的亲本进行杂交，还可解决异地授粉的问题。贮藏花粉可以打破杂交育种中双亲在时间和空间上的隔离，扩大杂交育种的范围。花粉贮藏的原理在于创造一定的条件，使花粉降低代谢强度，延长花粉的寿命。低温、低氧和低湿度是花粉贮藏的 3 个重要条件。低温有利于花粉保持活力。根据王兵益等的研究，滇牡丹的花粉在室温下贮藏 1 天，萌发率为76%，贮藏 3 天，萌发率就只有 12%。干燥也有利于保持花粉活力，经过 12 小时干燥处理的滇牡丹花粉，在 −18℃ 条件下保存 86 天，萌发率仍高达84%，而未经过干燥处理的滇牡丹花粉，在同样的低温条件下保存 30 天，萌发率为 0。滇牡丹花粉的最经济有效的贮藏条件为室温干燥 12 小时后，保存于 −18℃ 的冰箱内。总的来看，牡丹花粉有较强的生活力，一般在温度 5℃、相对湿度 70% 的条件下，可贮藏 80～90 天。具体的贮藏方法：收集花粉后，除去其中杂物，室内阴干，装在小瓶中，盛放花粉量以小瓶容量的 1/3～1/2为宜，瓶口扎纱布，然后贴上标签，注明品种和采集花粉的时间。小瓶置于干燥器内，干燥器内盛无水氯化钙，将干燥器放于冰箱中。如没有干燥器等设备，可把装有花粉的小瓶放在盛有石灰的箱子里，放在湿度在 25% 以下、阴凉、干燥、黑暗的地方，短期贮藏。在使用远地寄来的或经过一段时间贮藏的花粉之前，必须对花粉生命力进行鉴定，以便对杂交成果进行分析与研究。鉴定方法有 4 种：一是用待测花粉直接授粉，然后统计结实数量和结籽数量；二是将待测花粉授到柱头上，隔一定时间后切下柱头，在显微镜下检查花粉萌发情况，根据萌发率的高低来鉴定花粉的生活力；三是在培养基上进行花粉的人工培养，检查待测花粉萌发率的高低；四是用染色法来鉴定花粉的生活力。染色法很多，有碘反应法、四氮唑反应法和选择性染色法等。

4. 授粉注意事项

对于自交可育的亲本必须去雄。为避免计划外亲本花粉的干扰，在去雄后立即套上隔离袋，袋上用铅笔写明去雄日期。在母本雌蕊成熟前，先授 1 次父本的花粉，以增加柱头蛋白与花粉蛋白的亲和力，待雌蕊成熟（柱头分泌大量的黏液）时，继续授粉 1～2 次或多次，以提高结实率。一般用毛笔、棉球进行授粉。根据育种目标的要求，选择生长健壮，发育良好的植株作为母株。每枝保留的花朵数一般以 3～5 朵为宜。授粉前后在柱头上喷一定浓度的硼酸或激素，可以提高花粉管的萌发能力及与柱头蛋白的亲和力，促进结实。牡丹远缘杂交中，种子不能正常发育的重要原因是胚乳不发育，通过杂种胚培养能克服这一障碍。

5. 杂交后的管理

杂交后要细心地管理，创造有利于杂种种子发育的良好条件，并注意观察和记录，及时防治病虫害和防止人为失误出现。杂交种子成熟时间随品种而异，有的分批成熟，要分批采收。

在整个杂交育种过程中，无论是亲本（尤其是母本）还是杂交苗，均应加强培育，细致观察，杂交苗要及时分栽，加强观察记录与分析比较，不可掉以轻心。一般来讲，在牡丹远缘杂交中 F1 代均为不育。欧美育种家用滇牡丹、黄牡丹分别与中国中原牡丹、日本牡丹杂交，得到的杂种后代有的能形成果实，但不产生种子，极少数能形成饱满的种子，但不能正常萌发。Saunders 却极其例外地用两粒 F1 种子从其后代中筛选获得了两株 F2 植株。之后的研究发现，这两株 F2 植株互交和回交能育，从而解决了杂种不育的难点。

五、辐射育种

山东农业大学曾用 Co 照射牡丹种子以培育新品种，由于剂量过高或管理不善，均未取得成功。但初步看出：5 000R（伦琴）以上的辐射剂量可视为致死剂量；4 000R 左右为临界剂量或半致死剂量。在对植株的处理中，5 000R 的剂量抑制了鳞芽的萌动以致其枯死，低剂量则可正常生长（喻衡，1990），辐射育种的应用有待进一步研究。此外，对花粉进行辐射处理有可能提高远缘杂交的能力。

六、倍性育种

倍性育种包括多倍体诱导、单倍体诱导等。芍药属植物染色体大，数目少，是从事倍性育种的好材料。用秋水仙素、咖啡碱等药剂对牡丹进行诱变处理产生多倍体，可能是改进牡丹观赏品质和提高经济价值的有效途径之一。秋水仙素诱导多倍体的处理方法：

1. 浸渍法

把种子、枝条或盆栽幼苗的茎端生长点等浸于秋水仙素水溶液中。

2. 滴液法

将秋水仙素水溶液滴在幼苗顶芽、成株侧芽上。

3. 毛细管法

用脱脂棉或纱布一端浸入秋水仙素水溶液中，另一端附于枝条的叶芽或花芽上。

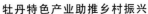

4. 涂抹法

用秋水仙素乳剂涂抹顶芽、侧芽、花芽等。

5. 套罩法

选用新梢，保留顶芽，除去顶芽下数叶，把内盛秋水仙素水溶液的胶囊套在顶芽上。

6. 注射法

用医用注射器将秋水仙素水溶液注入芽内。

7. 培养基法

在牡丹培养基中加入秋水仙素。

秋水仙素诱导多倍体的机理：在细胞分裂时，秋水仙素破坏纺锤丝，使复制的染色体不能分向两极，从而导致染色体数目加倍。因此，用秋水仙素处理植物材料时，必须处理正在进行分裂的细胞才有效，否则，处理无效。此外，芍药属植物存在花粉二型性现象，其中异常花粉的核能像离体培养中那样启动分裂，在活体状态下朝着形成孢子体的方向发育，从而为通过花粉培养诱导产生花粉胚或单倍体植株创造了有利条件。深入研究牡丹花粉二型性现象，并将其与组织培养技术相结合开展单倍体育种，有着广阔前景。

根据成仿云的研究，牡丹胚胎发育过程中，当游离核原胚完成细胞分化后，随即形成许多胚原基，它们大多在发育过程中退化，但也有不少种子多个胚能得到正常发育，形成特殊的多胚现象。如利用组织培养技术，使杂种原基能正常发育成胚，并以此为基础建立无性系，这将缩短育种周期，加快良种繁育过程。

第五节　新技术育种与新品种

一、新技术育种

目前，基因工程作为牡丹的育种新技术才刚刚起步，国内外正在积极从事牡丹基因工程的基础研究。牡丹花期较短、扦插生根困难、抗逆境能力差等，这些问题很难通过常规育种方法来解决，采用基因工程方法，通过导入外源基因，例如抗衰老基因、发根基因、抗冻基因、花色花形及株型基因等，有望培育出花期更长、易于无性繁殖、抗逆境能力强的新品种，实现牡丹育种的新突破。

基因工程是 20 世纪 70 年代初期诞生的一门崭新的生物技术科学。基因工程是指采用类似工程设计的方法，人为地在生物体外将核酸分子插入质粒、病毒或其他载体中，构成遗传物质的新组合，并将它转移到原先没有这类分子的寄主细胞中扩增和表达。

　　基因工程可以把来自任何一种生物的基因放置到与其毫无亲缘关系的寄主生物中，因而应用基因工程技术，就可以按照人们的主观愿望，改造生物的遗传特性，乃至创造出自然界中原本不存在的新的生物类型。植物基因工程是在分子水平上对基因进行操作和重组的专门技术，是将外源目的基因与特定的克隆载体重组，通过遗传转化将这种重组载体导入植物细胞，经过整合、表达和传代，对植物的遗传物质进行修饰、改造和更新，以期改良植物遗传性状或获得有用基因的产品。

　　植物基因工程在育种上的应用主要表现在植物转基因技术的应用上。利用植物转基因技术培育牡丹新品种，首先要建立牡丹的转化系统和植株再生系统。

　　近年来，植物的遗传转化技术得到了迅速发展，建立了多种转化系统。按照基因引入受体植物细胞的方法，植物遗传转化技术可分为两类，即以载体为媒介的基因转移和基因的直接转移。

（一）以载体为媒介的基因转移

　　所谓以载体为媒介的基因转移就是将目的基因连于某一载体 DNA 上，然后通过寄主感染受体植物等途径将外源基因转入植物细胞的技术。农杆菌介导的转化是最主要的一种载体转化方法。经过改造的农杆菌 Ti 质粒作为载体可以高效地转移外源基因。获得转化植物的方法有两种：一种是 1979 年 Marton 等人发明的以植物原生质体为受体的共培养法；另一种是 1985 年 Horsch 等人建立的叶盘法。

1. 共培养法

　　共培养法是把带有目标基因的农杆菌与植物原生质体共同培养以实现基因转化的方法。其程序包括农杆菌对初生细胞壁的原生质体的转化、转化细胞的筛选和诱导转化细胞分化并再生植株等。

2. 叶盘法

　　叶盘法实际上是对共培养法加以改进后而创立的一种基因转化方法。用农杆菌感染叶片外植体并短期共培养。在培养过程中，农杆菌的 *vir* 基因被诱导，它的活化可以启动 T-DNA 向植物细胞的转移。共培养后，也要进行转化外植体的筛选、愈伤组织的培养、诱导分化等步骤，以得到再生植株。叶盘法由于不需要进行原生质体操作等，方法简单，获得转化植株也更快，成为以植物外植体为材料进行转基因的一个良好途径。

（二）基因的直接转移法

　　基因的直接转移是指利用植物细胞生物学特性，通过物理、化学和生物学方法将外源基因转入植物细胞的技术。这是既不依赖于农杆菌，也不依赖于其他载体或媒介的基因转移方法。包括以下几种。

1. 电激法和电注射法

通过高压电脉冲的电激穿孔作用把外源 DNA 引入植物原生质体的方法就称为电激法。通过电激技术把基因直接引入完整的植物细胞或组织的方法，称作电注射法，这种方法可以避免原生质体培养和再生成植株的繁杂操作。

2. 基因枪法

基因枪法又称粒子轰击技术。此方法是用粒子枪把表面吸附有外源 DNA 的金属微粒高速地射进植物细胞或组织。此方法快速简便。

3. 微注射法

微注射法是利用显微注射仪等，通过机械的方法将外源基因或 DNA 直接注入细胞核或细胞质。微注射法除用于植物细胞外，近年来还发展到直接注射到植物子房，这样更有利于外源遗传物质对幼胚的转化。

目前，已有多种花形、花色、株型基因，也有多种抗病虫、抗逆境基因以及多种发根基因可以用于牡丹基因工程育种，现在的问题是还没有建立用于牡丹育种的完备的植株再生及转化体系，为此，当务之急是尽快开展这方面的研究，一旦建立了牡丹植株再生及转化体系，不远的将来就能实现牡丹育种的新突破，培育出更奇特的牡丹新品种。

二、新品种

由菏泽学院牡丹学院康晓飞团队与菏泽村榴园艺有限公司一起育成并在美国牡丹芍药协会（American Peony Society，APS）登录的三个新品种蓝熙、樱色、凝夜紫，为菏泽当地的牡丹品种与日本牡丹品种的杂交后代。蓝熙，重瓣，花色粉蓝，花径 15～20 厘米，花期早中，花蕾硕大圆润，在菏泽地区 11 月可二次开花。樱色，半重瓣，花径 15～18 厘米，花期早中，盛开时花色粉嫩、娇润，犹如春日满开的片片樱花，故取名樱色。凝夜紫，名字出自李贺诗句"塞上燕脂凝夜紫"，半重瓣，花色深紫，花径 15～18 厘米，花期早中。三个新品种与亲本相比，花色更加明艳，花形更加饱满，生长势强，当年生枝条长且硬挺，除大田栽培、盆栽观赏外还可作为切花应用。其中新品种蓝熙，已经通过网络平台推向市场，深受广大花友喜爱，目前已收到了大批预订订单。

牡丹亚组间以及牡丹与芍药组间的远缘杂交是近些年牡丹育种的热点，牡丹远缘杂交是培育牡丹全新类型，保障我国牡丹资源可持续利用的有效途径之一。但远缘杂交存在的杂交不亲和、胚败育等问题尚未被有效解决，使得牡丹远缘杂交工作极具挑战。村榴园艺有限公司作为当地育种的先锋企业，大量收集了国内外优良的牡丹、芍药品种，在此基础上，康晓飞团队与村榴园艺有限公司共同开展了牡丹远缘杂交育种工作，现在已经陆续获得了杂交后代，有望在不久的将来带给我们更多的惊喜。

第六节　中国牡丹传播与发展

世界上牡丹主要的园艺品种最初均来自中国，中国牡丹对世界牡丹的发展做出了巨大贡献。

一、中国牡丹向日本的输出及发展

中国牡丹最早于唐代贞元二十年，由遣唐使日本高僧空海带回日本。日本牡丹最初也是被作为药用植物栽培，平安时代（794—1185 年）开始观赏栽培，之后寺庙、庭院广为栽培并传播到民间。江户时代（1600—1876 年）日本大量开展了牡丹育种工作，主要目的就是提高牡丹观赏品质，并培育出了一批适应日本当地气候条件并符合日本人审美的新品种，并逐步形成了日本牡丹品种群。1948 年，园艺家伊藤用芍药花香殿与牡丹金晃杂交并取得了成功，这是牡丹育种的重大突破。后人为纪念他的成就，将凡是牡丹芍药杂交育成的品种统称为伊藤杂种（或伊藤牡丹）。受唐代文化的影响，牡丹在日本也被看作是百花之王，是富贵吉祥的象征，在多地均有赏牡丹花的习俗。二战期间，日本牡丹的发展一度停止，20 世纪 70 年代又逐渐恢复，岛根县大根岛是日本最大的牡丹生产基地。20 世纪 30 年代中国从日本引进了一些牡丹品种，但多毁于战火。之后直到 1979 年，洛阳从日本引进了花王、金阁、花竞、白玉狮子这些至今仍受欢迎的品种。80 年代之后，两国牡丹品种交流更加频繁。尤其在 2000 年引入了伊藤牡丹，一经推广便受到市场的热捧。

日本是世界上仅次于中国的牡丹大国，日本从中国引进牡丹后，加以驯化改良又输送至欧美国家，所以牡丹在向西方传播和发展的过程中，日本起到了很大的作用。

二、中国牡丹向欧洲的传播和发展

欧洲人很早就注意到了来自中国的牡丹刺绣、瓷器上的牡丹图案，但他们认为这只是一种并不真实存在的花朵的图腾。1656 年，荷兰东印度公司访问中国时亲眼见到了牡丹，并回国做了相应的报道。1786 年，英国邱园的主人约瑟夫·班克斯读到了这篇报道，并看了许多中国画，对牡丹产生了极大兴趣。遂让东印度公司的外科医生亚历山大·杜肯在广州为他收集牡丹，并于1787 年送到了邱园，1789 年其中的一株开出了高度重瓣的品红色花，英国植物学家安德鲁斯便以之为据，加以记载并定名为 *Paeonia moutan* 'Banksii' 或称为粉球（Powdered Ball）。这是最早得到科学记载和命名的牡丹品种。之后牡丹被不断输入英国并传到法国、德国、意大利等国家。19 世纪欧洲掀起了一股牡丹热潮，但由于数量、品种有限，繁殖缓慢，因此价格昂贵。值得一提的是，当时输入欧洲的牡丹虽来自广州，但这些牡丹全部是从菏泽运至广州的催花植株。

促进中国牡丹在欧洲的传播，还有一个关键人物，罗伯特·福特尼。他受英国皇家园艺协会的派遣，前后多次到我国收集牡丹资源。第一次是在1843—1845年，于上海收集引种了一批牡丹栽于英国皇家园艺协会的花园中，但移栽的牡丹由于对欧洲气候的不适应，最终全部死亡。第二次是1845—1851年，他从中国各地收集并引进了30多个牡丹品种到英国，同时他还引进了用于嫁接牡丹的芍药，并把我国传统的嫁接繁殖技术带回了英国。1880年福特尼第三次来到中国，专门寻找并引进了一种丁香紫色的蓝牡丹。福特尼引种的牡丹为欧洲牡丹的发展奠定了基础，从中国学习的嫁接方法则解决了此前中国牡丹在英国生长不适应的问题，为牡丹在欧洲的发展提供了技术保障。1860年时，福特尼的牡丹品种在英国广为流行并一直延续至19世纪末。1908年，欧内斯特·亨利·威尔逊从中国云南引进了滇牡丹；1936年两名英国人将我国西藏野生的大花黄牡丹引入英国，通过杂交获得了花梗挺直、花瓣上有红色条纹的新品种。

1830—1850年，法国对引入的牡丹进行了大量的人工授粉，选育出了许多新的园艺品种。1884年前后，法国神父德拉维（J. M. Delavay）将原产于我国云南的野生滇牡丹、野生黄牡丹引入法国。巴黎博物馆的路易斯·亨利（Louis Henry）以黄牡丹与普通栽培品种杂交，并培育出世界上第一个黄色牡丹杂种 Mme Louis Henry。同期，维克多·莱莫万（Victor Lemoine）也在进行类似的杂交，于1900年前后培育出一系列黄色品种，统称为 Lemoine 系，其中就包括当今的金阁、金帝等黄色系品种。这些杂交品种一方面具有非常纯正的黄色，另一方面还具有中国牡丹花头下垂、高度重瓣等特征。

三、中国牡丹向美国的传播和发展

牡丹输入美国大约是在1820年前后，当时美国对牡丹的引进是来自于英国而非直接引自中国。牡丹在美国的种植起步较晚，并一直发展缓慢。直至20世纪二三十年代，受欧洲再次出现的牡丹栽培热潮，以及日本牡丹商品化高度发展的影响，美国开始从日本、欧洲以及中国大量引入牡丹。1904年美国成立了美国牡丹芍药协会（American Peony Society，简称APS），在该协会的参与和引导下，在桑德斯（Saunders A. P.）等一批育种家们进行种间杂交育种取得的重大成就的推动下，牡丹在美国得到了持续发展。

APS是目前世界上影响面最广，影响力最大的牡丹芍药社团。APS在成立之初成功地整理了芍药品种，统一和规范了名称与描述，以建立良好的市场秩序和发展机制。20 世纪二三十年代，美国大量从国外引入牡丹的时期，牡丹品种十分混乱，APS 决定组织有关专家对美国当时的牡丹品种进行整理，并由著名园艺学家 J. G. Wister 博士主要负责，最终成果汇集于由他主编的《芍药和牡丹》（The Peonies）一书中，为当时全美各地牡丹品种正本清源。APS 的主要工作为牡丹和芍药的品种整理与登录，主办《APS 通报》，出版发行各类书刊，举办牡丹芍药花展。国际园艺协会已确定 APS 为芍药属植物新品种的法定登录机构。

桑德斯于 1869 年出生在加拿大渥太华的一个农庄主家，从小在植物学和园艺学的熏陶下长大。他在取得了化学博士学位后，将主要精力都花在了牡丹和芍药的育种上。桑德斯于 1906 年加入 APS，1909 年至他去世前一直都是该协会的理事。桑德斯对美国牡丹发展的贡献主要有两个方面：一是作为 APS 的主要领导者和组织者，在编辑出版会刊、普及和推广牡丹和芍药的知识方面做了大量工作；二是他在牡丹和芍药的种间杂交育种方面取得了斐然成就，极大地丰富了牡丹和芍药品种，因此被誉为"现代牡丹芍药杂交育种之父"。他把日本栽培品种与引自我国的野生黄牡丹、滇牡丹进行杂交，培育出许多花色丰富且花头直立的远缘杂种，并推广栽培。此外，在多年的育种工作中，桑德斯还得到了许多珍贵的育种材料，并被后人继承，这些都为美国牡丹的发展奠定了坚实基础。

第七节　中国牡丹种质资源

一、野生牡丹种质资源

中国古代药物学家早在两千多年前就发现并记载了野生牡丹。如今通常认为牡丹组有 9 个野生种，分属于肉质花盘亚组与革质花盘亚组。

1. 肉质花盘亚组

主要分布于四川西南部、云贵高原北部、青藏高原东部以及东南部的亚高山和高山地区。包括 4 种：黄牡丹、大花黄牡丹、滇牡丹、狭叶牡丹。

2. 革质花盘亚组

包括 5 种，分布区从四川西北部到甘肃中南部，沿秦巴山地向北到黄土高原林区，向东至河南西部、湖北西部、湖南西北部，主要分布于黄土高原与秦巴山地。有四川牡丹、紫斑牡丹、杨山牡丹、矮牡丹（樱山牡丹）、卵叶牡丹。

3. 注意的问题

值得注意的是，目前我国野生牡丹分布范围日趋缩小，个体数量急剧减少，野生牡丹资源保护的形势十分严峻。野生牡丹致濒原因是多方面的：有其自身原因，如结实率低，繁殖效率低，对生存环境发生变化的适应能力差等；

也有自然因素，如恶劣多变的自然气候、甲虫危害等；但更重要的是人类活动的影响，一方面野生牡丹作为中药材丹皮的来源遭到了过度采挖，造成了野生牡丹资源的枯竭，另一方面人类过度放牧、砍伐森林，以及修路开矿等，对野生牡丹生境都造成了不同程度的破坏，以致有些种的野生居群很难恢复。针对这一情况，相关专家提出了野生牡丹资源保护的有效方式，一是在其原生地建立自然保护区；二是建立种质保护圃，开展迁地保护。在国家和各级政府的重视与支持下，国内一些科研单位遵循"适地适花"的原则，选择大多数野生种能适应生存且历史上有野生牡丹自然分布的地区建立野生牡丹迁地圃，如河南豫西山区芍药属野生种迁地保护资源圃、兰州榆中和平牡丹园牡丹种质资源圃等。这些迁地保护圃的建立，能够缓解我国特产牡丹组野生种濒危的现状，也使这些宝贵的资源得到更专业、更科学地保护、管理、研究和利用。

二、栽培牡丹种质资源

在长期栽培与发展演化过程中，中国牡丹已由少量的传统品种逐步发展成了2 000多个品种，并在不同的栽培地理区域内形成了各具特色的品种群（亚群），逐步形成了4个主要的品种群：

1. 中原品种群

主要分布在黄河中下游以及华北地区，以山东菏泽和河南洛阳为栽培中心，是我国牡丹栽培历史最悠久、观赏效果最好、分布最广泛、品种多且变异最丰富的栽培类群，几乎包括了牡丹各个色系及花形。该品种群有着广泛的适应性，多年来被引种到我国多地以及美国、荷兰、日本等数十个国家。原始种的构成主要有紫斑牡丹、杨山牡丹、矮牡丹等。

2. 西北品种群

西北品种群也称甘肃牡丹种群或紫斑牡丹种群，主要分布于甘肃中部，以兰州、临夏、定西为栽培中心，以药用牡丹栽培为主，是中国牡丹第二大品种群。栽培原种主要为紫斑牡丹，该种中也有矮牡丹的血缘。该品种群的主要特点为花瓣基部具有墨紫色或紫红色大斑；耐寒、耐旱、耐盐碱、耐瘠薄、病虫害少，可在寒冷干旱地区推广种植。

3. 西南品种群

主要分布在云南、贵州、四川、西藏等地，以四川成都、彭州（古称"天彭"）以及重庆垫江为栽培中心。据历史资料记载，天彭牡丹的野生原种，主要为紫斑牡丹、矮牡丹和杨山牡丹。

4. 江南品种群

主要分布在以长江三角洲为主的长江中下游一代，主要栽培地有上海、安徽铜陵、江西南昌、广东乐昌及江苏的宁国、盐城等。该种群的原始种以杨山牡丹为主，也有西北牡丹品种南移后长期风土驯化保存下来的品种，还有部分品种为中原牡丹品种南移后长期风土驯化及杂交选育而来，品种结构较为复杂。该品种群也作为药用牡丹栽培，如铜陵凤凰山一带为全国药用牡丹基地。

此外，还有延安牡丹、鄂西牡丹，以及东北寒地牡丹等小品种群。

第八节　牡丹商品化品种

一、九大色系

在长期的发展演变中，牡丹品种不断丰富，作为观赏植物，花色通常是人们区分、评价牡丹品种的首要条件之一。目前通常将牡丹分为白、黄、粉、红、紫、黑（墨紫）、蓝（粉蓝、雪青）、绿、复色这九大色系。花形是牡丹的另一重要观赏性状，自古也有以花形将牡丹分类的传统。牡丹花形是由花瓣、雄蕊、雌蕊、萼片的数量、形态、变异以及排列方式决定的。最初野生牡丹花形单一，多为单瓣形，后来通过不断地人工选择，精心培育，逐渐出现了重瓣花形以及台阁类花形。因此，按照花形分类，还能够客观地反映出牡丹品种的演进规律。多年来，多位牡丹专家学者提出了不同的花形分类标准，但总体来说对牡丹花形演进规律的认识基本相同，仅个别类型的划分上存在分歧。目前生产上常见的牡丹花形有单瓣形、荷花形、菊花形、蔷薇形、千层台阁形、托桂形、金环形、皇冠形、绣球形以及楼子台阁形这十大花形。

二、牡丹十大花形

（一）单瓣形

花瓣平展、宽大，1～3轮，卵形、广卵形或倒卵状椭圆形，雌雄蕊正常。

1. 凤丹

花蕾长尖。花白或粉。花径16厘米左右。花梗挺直，直上。早花品种。株型偏高，生长势强，成花率高。传统品种。

2. 玉兰飘香

花蕾圆形。花白色，有光泽。花径21厘米左右。花梗挺直，花朵直上。中花品种。株型高，直立。枝条粗壮，生长势强，成花率高，萌蘖枝多。由洛阳牡丹公园于1995年育成。

3. 彩蝶

花蕾圆尖。花紫红色带粉色。花径18厘米左右。花梗细硬而长。早花品种。株型中高，直立。生长势中，成花率高，单花期长，萌蘖枝少。由菏泽赵楼牡丹园于1995年育成。

4. 罂粟红

花蕾圆尖。花浅紫红色。花径 13 厘米左右。花梗较短，花藏于叶中。中花品种。株型矮，半开展。枝较细，节间短。生长势中，成花率高，分枝多，萌蘖多。传统品种。

（二）荷花形

花瓣 4～5 轮，形大，整齐一致。雄雌蕊正常。开放时花瓣微向内包，形似荷花。

1. 玉翠荷花

花蕾圆尖。花粉色，花色娇艳。花径 15 厘米左右。花梗细硬而较长，花朵直上。中花（偏早）品种。株型中高，直立。枝细硬，生长势强，成花率高。抗逆性强，分枝较少，萌蘖枝多。由菏泽百花园于 1972 年育成。

2. 宫娥乔装

花蕾圆尖。花红色带粉色。花径 15 厘米左右。花梗细硬而较长，花朵直上。中花偏早品种。株型中高，直立。枝细硬，生长势强，成花率高，花色娇艳。抗逆性强，分枝较少，萌蘖枝多。由菏泽赵楼牡丹园于 1990 年育成。

3. 咸池争春

偶呈菊花形。花蕾圆尖。花粉白色。花径 18 厘米左右。花梗粗硬，花朵直上。中花品种。株型中高，半开展。枝粗壮而硬，生长势强，成花率高，开花整齐，萌蘖枝少。传统品种。

4. 酒醉杨妃

荷花形或托桂形，偶呈皇冠形。花蕾大，圆尖形。花粉紫色。花径 25 厘米左右。花梗长而软，花朵侧开或下垂。中花品种。株型高，开展。枝粗而软，弯曲，生长势强，成花率高，花大，但花形不整齐，萌蘖枝较少。传统品种。

5. 红荷

花蕾圆尖。花浅紫红色。花径 15 厘米左右。花梗硬，花朵直上，中花品种。株型中高，半开展。枝硬，生长势中，成花率高，分枝多，萌蘖枝亦多。由菏泽百花园于 1980 年育成。

6. 紫霞镶玉

花蕾圆尖。花紫色，花瓣端粉紫色。花径 16 厘米左右。花梗较长而挺直，花朵直上。中花品种。株型矮，直立。枝较细，生长势中，成花率较高，分枝少，萌蘖枝亦少。由菏泽赵楼牡丹园于 1963 年育成。

7. 八宝镶

花蕾圆尖。花银红色。花径 13 厘米左右。花梗短，花朵开于叶丛之中。中花品种。株型矮，半开展。枝细，生长势中，成花率高，单花期短，萌蘖枝少。传统品种。

8. 红云飞片

花蕾圆尖。花紫红色。花径 19 厘米左右。花梗粗直，花朵直上。早花品种。株型高，直立。枝粗壮，生长势强，成花率高。由北京景山公园于 20 世纪 70 年代育成。

9. 似荷莲

花蕾扁圆。花粉紫红色。花径 14 厘米左右。花梗长，挺直。早花品种。株型高，直立。枝细硬，生长势较强，成花率高，开花整齐，萌蘖枝多。传统品种。

10. 紫霞绫

花紫红色。花径 16 厘米左右。花梗较细，花朵直上。早花品种。株型矮，半开展。枝较细硬，生长势较强，萌蘖枝较少，开花繁多，株态圆整端庄。由菏泽赵楼牡丹园于 1968 年育成。

11. 御衣黄

荷花形或菊花形。花蕾圆尖。花淡黄色。花径 15 厘米左右。花梗稍长，花朵直上。中花品种。株型中高，直立。枝较细硬，生长势弱，成花率较低，萌蘖枝少。传统品种。

12. 古班同春

花蕾圆尖。花粉白色。花径 18 厘米左右。花梗硬，花朵直上。中花品种。株型中高偏矮，半开展。枝粗壮，生长势强，成花率高，单花期长，萌蘖枝少。传统品种。

13. 玉板白

花蕾圆尖。花白色。花径 17 厘米左右。花梗略长而硬，花朵直上。早花品种。株型矮，直立。枝较细硬，生长较慢，但成花率高，萌蘖枝较少。传统品种。

14. 黄花魁

花蕾圆锥形。花淡黄色，微有淡紫色晕。花径 14 厘米左右。花梗长，花朵直上，适合做切花。早花品种。株型高，直立。枝细硬，生长势强，成花率高，萌枝少。传统品种。

15. 朱砂垒

花蕾圆尖。花浅红色，微带紫色。花径 17 厘米左右。花梗短，花朵侧开，中花品种。株型中高，半开展。枝粗壮，生长势强，成花率高。单花期短，萌蘖枝多。传统品种。

（三）菊花形

花瓣 6 轮以上，自外向内层层排列并逐渐变小。雄蕊正常，数量较少或在花心处有少量瓣化现象；雌蕊正常。

1. 桃源仙境

有时呈蔷薇形。花蕾扁圆。花粉紫色。花径 16 厘米左右。花梗长而软，花朵侧开。晚花品种。株型矮，半开展。生长势弱，成花率偏低。传统品种。

2. 仙姑

花蕾圆尖。花浅紫红色。花径 20 厘米左右。花梗长而硬，花朵直上。中花品种。株型高，直立。枝较细硬。生长势强，成花率较高，萌蘖枝少。由菏泽赵楼牡丹园于 1980 年育成。

3. 旭日

花蕾圆尖。花红色，润泽。花径 15 厘米左右。花梗短，花朵直上。中花品种。株型矮，紧凑，半开展。枝较粗，生长势中，成花率较高，萌蘖枝少。由菏泽赵楼牡丹园于 1983 年育出。

4. 满江红（原名：满堂红）

花蕾扁圆。花红色。花径 16 厘米左右。花梗硬，花朵直上。中花品种。株型矮，半开展。枝硬，生长势中，成花率中，分枝多，萌蘖枝亦多。由菏泽赵楼牡丹园于 1962 年育成。

5. 碧波霞影

花蕾圆尖。花粉色，稍带蓝色。花径 18 厘米左右。花梗长硬，花朵直上或侧开。晚花品种。株型中高，半开展。枝较粗壮，生长势强，成花率高，丰花，萌蘖枝多。由菏泽赵楼牡丹园于 1976 年育成。

6. 紫艳

花蕾圆尖。花粉紫色。花径 18 厘米左右。花梗长而硬，花朵直上。株型中高，直立。枝较细而硬，生长势弱，成花率高。由菏泽赵楼牡丹园于 1967 年育成。

7. 包公面

有时呈蔷薇形。花蕾圆尖。花墨紫色。花径 17 厘米左右。晚花品种。株型矮，半开展。枝较粗，成花率较高。由菏泽赵楼牡丹园于 1995 年育成。

8. 蓝玉

花蕾圆尖。花粉色，细腻润泽。花径 18 厘米左右。花梗长软，花朵侧开。早花品种。株型中高，直立。枝粗壮，生长势中，成花率低。由菏泽赵楼牡丹园于 2001 年育成。

9. 寿星红

花蕾圆尖。花紫红色，有光泽。花径 16 厘米左右。花梗较长，花朵直上。中花品种。株型中高，半开展。枝较粗壮，长势较强，成花率高，萌蘖枝较少，落叶早。由菏泽赵楼牡丹园于 1967 年育成。

10. 大红一品

花蕾圆尖。花深红色，润泽。花径 16 厘米左右。花梗粗硬而短，花侧开。早花品种。株型中高，半开展。枝粗壮，生长势强。成花率高，花色鲜艳，适应性强。分枝多，萌蘖枝亦多。由菏泽赵楼牡丹园于 1990 年育成。

11. 黑花魁

花蕾圆形，具紫色晕。花墨紫色，润泽细腻。花径 17 厘米左右。花梗稍短而软，紫褐色，花朵侧开。中花品种。株型矮，生长势弱，成花率高，萌蘖枝多。传统品种。

12. 墨素

花蕾圆尖，花墨紫色，有光泽。花径 18 厘米左右。花梗长直，花朵直上。中花品种。开花稍晚。株型中高，直立。枝粗壮，生长势较强。成花率高，分枝少，萌蘖枝亦少。由菏泽赵楼六队于 1974 年育成。

13. 肉芙蓉

红色。花径 17 厘米左右。花梗较短，花朵直上或侧开。中花品种。株型中高，开展。生长势强，成花率高，萌蘖枝较多，抗逆性强，耐盐碱。由菏泽赵楼十队于 1975 年育成。

14. 晓晴

花蕾扁圆。花粉红色，微带蓝色。花径 17 厘米左右。花梗长而硬，花朵直上。中花（偏早）品种。株型中高，直立。枝细硬，生长势强。成花率高，抗逆性强，适应性广，分枝少，萌蘖枝多。由菏泽赵楼牡丹园于 1996 年育成。

15. 桃花飞雪

花蕾扁圆。花粉红色，带蓝色。花径 18 厘米左右。花梗较长，花朵直上。中花品种。株型中高，半开展。枝较粗壮，生长势中。成花率高，萌蘖枝较多。由菏泽赵楼牡丹园于 1983 年育成。

16. 进宫袍

花蕾圆尖。花紫红色，润泽。花径 18 厘米左右。花梗硬，花朵直上。中花品种。株型高，半开展。枝较粗壮，生长势强。成花率高，萌蘖枝多，抗早春寒。由菏泽赵楼牡丹园于 1981 年育成。

17. 层中笑

花蕾圆尖。花浅紫红色。花径 16 厘米左右。花梗细长，花朵直上。中花品种。株型高，直立。枝细硬，一年生枝长，生长势强。成花率高，分枝少，萌蘖枝亦少。由菏泽百花园于 1995 年育成。

18. 蓝海碧波

花蕾圆尖。花粉色，稍带蓝色。花径 18 厘米左右。花梗硬，花朵直上。

中花品种。株型中高，半开展。枝较粗壮，生长势中。成花率稍低，耐日晒，萌蘖枝多。由菏泽赵楼牡丹园于 1966 年育成。

19. 白天鹅

花蕾圆尖。花白色，纯洁无瑕。花径 17 厘米左右。花梗粗硬而长，花朵直上。中花品种。株型中高，生长势强。成花率高，适应性强。由菏泽赵楼牡丹园于 1990 育成。

20. 洪福

花蕾圆尖。花紫红色，有光泽。花梗长而硬，花朵直上。中花品种。株型高，生长势强。成花率高。由菏泽赵楼牡丹园于 1968 年育成。

21. 茄蓝丹砂

花蕾扁圆，顶尖。花深紫色。花径 17 厘米左右。花梗细而硬，花朵直上，中花品种。株型高，直立。生长势强，成花率高。传统品种。

22. 秀丽红

花紫红色，有光泽。花径 15 厘米左右。花梗较长，花朵直上。中花品种。株型中高，偏矮。枝粗壮，生长势强，成花率高，花耐晒。由菏泽赵楼牡丹园于 1967 年育成。

23. 湖蓝

花蕾扁圆。花粉蓝色。花径 15 厘米左右。花梗长，花朵直立。株型中高，生长势强，成花率高。湖北建始县品种。

24. 彩霞

花蕾圆尖。花浅红色。花径 18 厘米左右。花梗细长，花朵直上。中花品种。株型中高，生长势强，成花率高。

25. 红麒麟

花蕾圆尖。花紫红色。花径 18 厘米左右。花梗细硬，花朵侧开。中花品种。株型中高，生长势中，成花率高。由菏泽赵楼牡丹园于 1985 年育成。

(四) 蔷薇形

花瓣数量较其他花形多且高，自外向内层层排列并明显变小，雄蕊大部分消失，在花心处有时残留少数正常雄蕊或杂有少量瓣化细碎的花瓣；雌蕊正常或有瓣化或退化。

1. 春来早

花蕾扁圆。花粉红色，花径 17 厘米左右。花梗长而硬，花朵侧开。早花品种。株型中高，枝粗壮，生长势强，成花率高。

2. 二乔（别名：洛阳锦）

花蕾扁圆。花复色，同株、同枝可开紫红色和粉色两色花，同朵花亦可紫粉两色相嵌。花径 16 厘米左右。花梗长而硬，花朵直上。中花品种。株型高，直立。枝较细硬，生长势强，成花率高，萌蘖枝多。传统品种。

3. 大棕紫

花蕾大，扁圆形。花紫红色，润泽。花径 17 厘米左右。花梗长而直，花朵直上。中花品种。株型中高，直立。枝粗壮，一年生枝较长，节间短。生长势强，成花率高，萌蘖枝较多，株态匀称端庄。传统品种。

4. 红霞争辉

花蕾扁圆。花紫红色。花径 17 厘米左右。花梗长，花朵侧开。中花品种。株型高，半开展。枝细，生长势强。成花率高，萌蘖枝较多。由菏泽赵楼牡丹园于 1963 年育成。

5. 雨后风光

花蕾扁圆。花粉色，略带蓝色。花径 19 厘米左右。花梗长而略软，花朵侧开。中花品种。株型高，直立。枝较细而硬，生长势强。成花率高，花朵大，花形丰满，萌蘖枝多。由菏泽赵楼牡丹园于 1971 年育成。

6. 锦袍红

有时呈菊花形。花蕾扁圆，顶部突尖。花紫红色。花梗短硬，花朵直上。中花品种。株型高，半开展。枝粗壮，生长势强。成花率高，萌蘖枝多。传统品种。

7. 丹炉焰

花蕾圆锥形。花初开深红色，盛开灰紫色。花径 13 厘米左右。花梗细硬而较短，花朵直上。早花品种。株型矮，半开展。枝细软，生长势弱。成花率高，花朵日晒褪色，萌蘖枝多。传统品种。

8. 何园红

花蕾圆尖。花红色。花径 14 厘米左右。花梗短，花朵直上。中花品种。株型矮，半开展。枝较细，生长势弱。成花率较低，分枝少，萌蘖枝亦少。传统品种。

9. 红宝石

花蕾圆尖。花红色，润泽。花径 16 厘米左右。花梗硬而长，花朵直上，中花品种。株型中高，半开展。枝条粗壮。生长势强，成花率高。由菏泽赵楼牡丹园于 1973 年育出。

10. 红玉

花蕾圆尖，花艳红色。花径 18 厘米左右。花梗长，花朵直上或侧开，适合做切花。晚花品种。株型中高，半开展。生长势强，成花率高，蕾期耐低温。由菏泽百花园于 1976 年育成。

11. 种生黑

花蕾圆尖。花浅墨紫色，花径 13 厘米左右。花梗直而硬，花梗直上，中花（略晚）品种。株型矮，枝条硬，生长势弱，萌蘖枝少。传统品种。

12. 玫瑰红

有时呈菊花形。花蕾扁圆。花深红色，艳而有光泽。花径 16 厘米左右，花梗长，花梗直上。中花品种。株型中高，半开展。生长势强，成花率高。花色鲜艳但不耐晒。由菏泽赵楼牡丹园于 1978 年育成。

13. 乌金耀辉

有时呈菊花形。花蕾扁圆，花墨紫色，油润光泽。花径 17 厘米左右。花梗硬，花朵直上或侧开。中花品种。株型中高，生长势强，成花率高。由菏泽赵楼牡丹园于 1980 年育成。

14. 似木槿

瓣基有明显紫红斑，花朵直上。叶中圆尖。株型开张。花期较早。

15. 百鸟朝凤

有时呈菊花形，花蕾圆尖。花红粉色。花径 17 厘米左右。花梗细硬而长，稍弯。株型中高，生长势强，成花率高。抗逆性强。由菏泽赵楼牡丹园于 2002 年育成。

16. 海天霞

有时呈菊花形，花蕾扁圆。花红粉色。花径 18 厘米左右。花梗细硬，花侧开。株型中高，生长势中，成花率高。由菏泽赵楼牡丹园于 2001 年育出。

17. 银红巧对

有时呈菊花形，花蕾扁圆。花银红色。花径 17 厘米，花朵直上，中花品种，单花期长。植株中高，半开张，萌蘖枝较多，抗性强。由菏泽赵楼牡丹园于 1966 年育出。

（五）千层台阁形

由 2 朵或 2 朵以上千层类单花的各花形上下重叠组成。

1. 胜葛巾

花蕾扁圆。花紫红色带粉色。花径 18 厘米左右。花梗粗而直。中花品种。株型中高，半开展，生长势强，成花率高。由菏泽赵楼牡丹园于 1967 年育成。

2. 曹州红

花蕾扁圆。花红色。花径 17 厘米左右。花梗硬，花朵直上。早花品种。株型中高，半开展。枝粗壮，生长势强，成花率高，花色鲜艳，抗逆性强，萌蘖枝多。由菏泽百花园于 1982 年育成。

3. 红霞迎日

有时呈菊花形，花蕾圆尖。花紫红色，有光泽。花径 16 厘米左右。花梗较长，花朵直上。中花品种。株型较矮，半开展。枝较粗壮，生长势较强，成花率较低，萌蘖枝多，花耐日晒。由菏泽赵楼牡丹园于 1976 年育成。

4. 五洲红

花蕾圆尖。花紫红色。花径 17 厘米左右。花梗长硬，花朵直上。中花品种。株型高，直立。枝硬，生长势强，成花率较高，分枝少，萌蘖枝多。由菏泽赵楼牡丹园于 1966 年育成。

5. 万花盛

花蕾大，扁圆形。花红色，娇嫩鲜艳。花径 20 厘米左右。花梗粗硬而长，花朵直上。晚花品种。株型高，直立。枝粗壮，生长势强。成花率较低，分枝少，萌蘖枝少。传统品种。

6. 重楼点翠

花蕾圆尖。花红色。花径 16 厘米左右。花梗硬，花朵直上。晚花品种，株型中高，半开展。枝粗壮，生长势强。成花率高，萌蘖枝多，单花期长，耐日晒。由菏泽赵楼牡丹园于 1968 年育成。

7. 捧盛子

花蕾圆尖。花红色，有光泽。花径 15 厘米左右。花梗粗硬，花朵直上。中花品种。株型中高，直立。枝较粗壮，生长较旺盛，但成花率低，萌蘖枝较多。由菏泽赵楼牡丹园于 1970 年育成。

8. 俊艳红

花蕾扁圆。花粉紫色，微带蓝色。花径 18 厘米左右，花梗粗长挺直，花朵直上。中花品种。株型高，直立。枝粗壮，生长势强。成花率高，分枝少，萌蘖枝亦少，抗叶斑病。

9. 红花露霜

花蕾扁圆。花银红色。花径 18 厘米左右。花梗硬，花朵直上。中花品种。株型高，直立。枝硬，生长势强。成花率高，抗逆性强，萌蘖枝较多。由菏泽百花园于 1976 年育成。

10. 映红

花蕾大，扁圆形。花红色，稍带蓝色。花径 18 厘米左右。花梗质硬，花朵直上。中花品种。株型矮，半开展。生长势中，成花率高，分枝少，萌蘖枝少。由菏泽赵楼牡丹园于 1968 年育出。

11. 宏图（别名：醉烟脂）

花蕾圆尖。花浅红色。花径 17 厘米左右。花梗短，花朵稍藏于叶丛中。中花品种。株型矮，开展，枝较粗壮，生长势强，成花率高，花色艳丽，花朵不耐日晒，萌蘖枝多。由菏泽赵楼牡丹园于 1969 年育成。

12. 迎日红

花蕾圆尖，常开裂，花红色，盛开瓣端变淡粉色，润泽。花径 17 厘米左右。花梗长，挺直，花朵直上。早花品种。株型中高，直立。枝较粗壮，生长势强，成花率高。花朵经阳光照射，其色更艳。株形紧凑匀称，分枝少，萌蘖枝较多。由菏泽赵楼九队于 1970 年育成。

13. 火炼碧玉

花蕾圆尖，常开裂。花洋红色，有光泽。花径 16 厘米左右。花梗短，花朵直上或侧开。晚花品种。株型矮，半开展。生长势强，成花率较低，萌蘖枝多。由菏泽赵楼牡丹园于 1969 年育成。

14. 桃红飞翠

花蕾圆形。花深粉红色。花径 20 厘米左右。花梗粗，略软，花朵侧开。中花品种。株型高。枝粗壮，生长势强，成花率较高，萌蘖枝多。由菏泽赵楼牡丹园于 1978 年育成。

15. 十八号

有时呈菊花形。花蕾扁圆。花红色，细腻润泽。花径 20 厘米左右，花梗粗长，花朵直上。中花品种。株型高，直立。枝粗壮，生长势强，成花率高，分枝少，萌蘖枝亦少，开花整齐丰满，株态匀称端庄，传统品种。

16. 蓝芙蓉

花蕾扁圆。花粉色，微带蓝色。花径 20 厘米左右。花梗长而直，花朵直上，中花（稍晚）品种。株型高，直立。枝粗壮，生长势强，成花率高，分枝少，萌蘖枝较多，不易感染叶斑病。由菏泽赵楼牡丹园于 1969 年育成。

17. 桃花娇艳

花蕾圆尖。花浅红色，细腻润泽。花径 19 厘米左右。花梗硬，花朵直上或侧开。中花品种。株型高，半开展。枝粗硬，生长势强，萌蘖枝较少。由菏泽百花园于 1969 年育成。

18. 青龙镇宝

花蕾圆尖。花紫红色，有润泽。花径 18 厘米左右。花梗细，较软，浅紫色，花朵侧开。中花（偏晚）品种。株型高，开展。枝细，稍软，生长势强，成花率高，花色鲜艳，蕾期耐低温，萌蘖枝多。由菏泽百花园于 1977 年育成。

19. 乌龙棒盛

花蕾圆尖。花紫红色，有光泽。花径 16 厘米左右。花梗较长，花朵直上或侧开。中花品种。株型高，半开展。枝粗硬，长势强，成花率高，花朵易受气候影响而出现畸形，萌蘖枝多。传统品种。

20. 红辉

花蕾端部开裂。花浅紫红色。花径 14 厘米左右。花梗细硬，花朵直上。

中花品种。株型中高，<u>直立</u>。枝较细，生长势中，成花率高，花形不规则，萌蘖枝多。由菏泽赵楼牡丹园于 1967 年育成。

21. 鲁荷红

花蕾扁圆。花红色。花径 18 厘米左右。花梗挺立，花朵直上。中花品种。株型较矮，直立。枝细硬，生长势强，成花率高，萌蘖枝少。由菏泽赵楼牡丹园于 1968 年育成。

22. 霓虹焕彩

花蕾圆形。花洋红色。花径 15 厘米左右。花梗长，花朵直上或侧开。中花品种。株型高。枝粗壮，生长势强，成花率高，花色鲜艳。萌蘖枝多。由菏泽赵楼九队于 1972 年育成。

（六）托桂形

外瓣 2～3 轮，平展宽大，雄蕊完全瓣化，瓣化瓣细长，直立，雌蕊正常或退化变小。

1. 雏鹅黄

有时皇冠形。花蕾圆尖。花淡黄带有粉色。花径 15 厘米左右。花梗硬而长，花朵直上。中花品种。株型高，生长势强，成花率高。由菏泽赵楼九队于 1966 年育成。

2. 淡藕丝

花蕾圆尖。花粉白中略带蓝色。花径 16 厘米左右。花梗短，花朵直上。中花（偏晚）品种。株型矮，开展。枝条粗壮，生长势强，成花率高。由菏泽赵楼牡丹园于 1969 年育成。

3. 三变赛玉

花蕾时浅绿色，初开时粉白色，盛开时白色。花径 15 厘米左右。花梗极短，花朵常隐于叶中。中花品种。株型中高，<u>直立</u>。生长势中，成花率高，分枝少，萌蘖枝少。由菏泽赵楼牡丹园于 1965 年育成。

4. 淑女装

托桂形，有时单瓣形。花蕾扁圆。花粉红色。花径 18 厘米左右。花梗长，微软，花朵侧开。中花品种。株型中高，<u>直立</u>。枝粗壮，生长势强，成花率高，萌蘖枝多。由菏泽赵楼牡丹园于 1967 年育成。

5. 仙娥

花蕾圆尖。花粉色。花径 14 厘米左右。花梗硬而长，花朵直立。中花品种。株型高，一年生枝长，节间亦长。生长势中，成花率高，萌蘖枝少。由菏泽赵楼牡丹园于 1989 年育成。

6. 银红皱

花蕾圆尖。花银红色。花径 18 厘米左右。花朵侧开，中花品种。株型中高，开展。生长势中。

7. 紫盘托桂

托桂形，偶有皇冠形。花蕾圆尖。花紫红色。花径 17 厘米左右。花梗短，中花品种。株型较矮，生长势强，成花率高。

（七）金环形

外瓣 2～3 轮，宽大；雄蕊大部分瓣化，仅外瓣周围残留一圈正常雄蕊，呈金环状；雌蕊正常或瓣化或退化变小。

1. 粉面桃花

花蕾圆尖，花深粉色。花径 20 厘米左右。花梗粗硬，花朵侧开。中花品种。株型高，半开展。枝粗，生长势强，成花率高。由菏泽赵楼牡丹园于 1983 年育成。

2. 合欢娇

花蕾圆尖。花红色。花径 19 厘米左右。花梗粗短，花朵侧开。中花品种。株型高，半开展。枝粗硬，生长势强，成花率高，花朵易受气候影响而出现畸形。

（八）皇冠形

外瓣平整宽大，雄蕊全部瓣化，瓣化瓣由外向内愈近花心处愈宽大，有时中间还杂有少量逐渐退化的雄蕊以及完全退化呈丝状的雄蕊，雌蕊瓣化或退化变小或完全消失。全花高耸，形似皇冠。

1. 豆绿

皇冠形或绣球形。花蕾圆形。花黄绿色。花径 12 厘米左右。花梗细软，花朵下垂。晚花品种。株型较矮，生长势中，成花率高。传统品种。

2. 昆山夜光（别名：夜光白）

花蕾圆尖。花径 15 厘米左右。花白色，花梗较短，花朵常隐于叶丛中。晚花品种。株型中高，开展。枝粗壮，生长势强，倒春寒花蕾易受冻害，成花率中。传统品种。

3. 西瓜瓤

花蕾圆尖。花红色，端部粉色。花径 17 厘米左右。花梗较短而稍软，花朵侧开。中花品种。株型矮。生长势中，成花率高，花形丰满。由菏泽赵楼牡丹园于 1978 年育成。

4. 金玉交章

有时呈托桂形。花蕾圆形，端部易开裂。花初开淡黄色，盛开乳白色。花梗短，花朵直上。早花品种。株型矮，半开展。枝较粗，生长势强，成花率稍低，萌蘖枝多。传统品种。

5. 蓝田玉

花蕾圆形。花粉色，微带蓝色。花径 15 厘米左右，中花品种，稍晚，株型矮。半开展。枝较粗壮，成花率高。开花丰满，仪态端庄。传统品种。

6. 彩绘

花蕾圆尖。花浅红色。花径 17 厘米左右。花梗长而硬，花朵直上或侧开。早花品种。株型中高偏矮，半开展。生长势中，成花率高，花形丰满，萌蘖枝少。由菏泽赵楼牡丹园于 1973 年育成。

7. 粉中冠

花蕾圆尖。花粉色，花径 17 厘米左右。花梗短硬，花朵直上。中花品种。株型中高，开展。生长势强，成花率高，花形丰满，整产，萌蘖枝多，抗病，为粉花品种中之名品。由菏泽赵楼牡丹园于 1973 年育成。

8. 白鹤卧雪

有时呈托桂形。花蕾圆尖。花初开粉色，盛开白色，稍带蓝色。花径 17 厘米左右。花梗较长，花朵直上。中花品种。株型中高，开展。枝较粗壮，生长势强，成花率高，分枝较多，萌蘖枝多。由菏泽赵楼牡丹园于 1969 年育成。

9. 玉玺映月

有时呈托桂形。花蕾圆形。花淡黄色。花径 15 厘米左右。花梗短而硬，花朵直上。中花品种。株型中高，半开展。枝硬，成花率高，单花花期长，适应性强，萌蘖枝少。由菏泽赵楼牡丹园 1975 年育成。

10. 天香湛露

有时呈托桂形。花蕾扁圆。花粉色，微带紫色。花径 15 厘米左右。花梗长而硬，花朵直上。中花品种。株型高大，直立。枝细而硬，生长势中，成花率高，萌蘖枝少。由菏泽赵楼牡丹园于 1963 年育成。

11. 盛蓝楼

花蕾圆尖。花粉色，带有蓝色。花径 17 厘米左右。花梗较短粗，花朵直上。晚花品种。株型中高，半开展。枝较粗壮，生长势中，成花率较低，萌蘖枝多。由菏泽赵楼牡丹园于 1963 年育成。

12. 红珠女

花蕾圆形。花红色，润泽。花径 15 厘米左右。花梗较长，稍软，花朵侧开。中花品种，偏早。株型矮，开展。枝较粗而弯曲，生长势中，成花率高，萌蘖枝较多。由菏泽赵楼九队于 1975 年育成。

13. 青翠蓝

花蕾圆尖，端部常开裂。花粉色，略带蓝色。花径 16 厘米左右。花梗硬，花朵直上。中花品种，偏早。株型中高，直立。枝硬，生长势中，成花率高，花形丰满，抗逆性强，萌蘖枝多。由菏泽百花园于 1972 年育成。

14. 香玉

有时呈荷花形或托桂形。花蕾圆尖。花初开浅粉色，盛开洁白如玉。花径20厘米左右。花梗长而硬，花朵直上。中花品种。株型高，直立。枝粗壮而硬，生长势强，成花率高，但花形不稳定，常一株开多种花形。分枝少，萌芽晚，萌蘖枝亦少，抗病、耐盐碱，幼蕾期耐低温。由菏泽赵楼牡丹园于1979年育成。

15. 珊瑚台

花蕾圆尖。花浅红色。花径15厘米左右。花梗细硬，花朵直上。中花品种。株型矮，半开展。枝细硬，生长势强，成花率高，株丛紧密，花形丰满，萌蘖枝多，单花期长。由菏泽赵楼牡丹园于1970年育成。

16. 赵粉

有时呈荷花形、金环形或托桂形。花蕾大，圆尖形。花粉色。花径18厘米左右。花梗较粗，长而略软，花朵侧开。中花品种。株型中高，开展。枝较软而弯曲，生长势强，成花率高，花形丰满，萌蘖枝多，根产量高。传统品种。

17. 鸡爪红

花蕾圆尖。花红色，有润泽。花径15厘米左右。花梗较硬，花朵侧开。中花品种，偏晚。株型矮，半开展。枝较细弱，生长势中，成花率较低，萌蘖枝少。传统品种。

18. 雪里紫玉

花蕾圆尖。花白色，微带紫色。花径16厘米左右。花梗短，花朵直上。中花品种，偏晚。株型矮，直立。枝硬，生长势中，成花率较高，适应性强，抗叶斑病，分枝少，萌蘖枝多。由菏泽赵楼牡丹园于1972年育成。

19. 红梅傲雪

花蕾扁圆。花浅红色，微带紫色。花径20厘米左右。花梗细软，花朵下垂。中花品种，偏晚。株型中高，开展。枝细软，弯曲，生长势强，成花率高，适应性强，分枝少，萌蘖枝多。由菏泽赵楼九队于1980年育成。

20. 变叶红

花蕾圆尖。花红色，润泽，瓣端粉色。花径15厘米左右。花梗短，花朵侧开。中花品种。株型矮，半开展。枝较粗，生长势强，成花率较低，萌蘖枝多。为胡红芽变的品种，传统品种。

21. 红绫

花蕾圆尖。花红色。花径17厘米左右，花梗短，花朵直上。中花品种。株型中高，开展。枝较粗壮，一年生枝较短，节间短。生长势较弱，成花率高，萌蘖枝少。由菏泽赵楼牡丹园于 1969 年育成。

22. 软玉温香

花蕾大，扁圆形。花粉色。花径 15 厘米左右。花梗较长而软，花朵侧开。中花品种。株型中高，开展。生长势强，成花率高，萌蘖枝多。由菏泽赵楼牡丹园于 1985 年育成。

23. 天姿国色

花蕾圆尖。花色浅粉红色，娇嫩细腻。花径 20 厘米左右。花梗长，花朵直上。早花品种。株型中高，直立。枝较细，生长势较强，成花率高，丰花，单花期长，萌蘖枝少。由菏泽赵楼牡丹园于 1976 年育成。

24. 银红楼

花蕾圆尖。花浅红色，盛开时端部变粉色，有光泽。花径 16 厘米左右。花梗较长，稍软，花朵侧开。早花品种。株型矮，开展。枝较细软，生长势较弱，成花率高，分枝少，萌蘖枝少。由菏泽赵楼牡丹园于 1969 年育成。

25. 醉西施

花蕾圆尖。花粉红色。花径 22 厘米左右。花梗细而软，花朵侧开。中花品种。株型高，生长势强，成花率高。姿态飘逸，形如醉美人。由菏泽百花园于 1968 年育成。

26. 冰罩蓝玉

花蕾圆尖。花粉白色，略带蓝色。花梗长而硬，花朵侧开。早花品种。株型中高，半开展。生长较慢，成花率高，萌蘖枝较多，株态匀称。由菏泽赵楼牡丹园于 1969 年育成。

27. 翠幕

花蕾圆形，黄绿色。花粉色，稍带紫色。花径 15 厘米左右。花梗稍软，花朵侧开。中花品种。株型中高，开展。枝较弯曲，一年生枝短，生长势中，成花率高。由菏泽赵楼九队于 1970 年育成。

28. 蓝翠楼

花蕾圆尖。花粉红色，微蓝色，瓣端粉白色。花径 16 厘米左右。花梗较细而软，花朵侧垂。晚花品种。株型高，开展。枝粗壮，生长势强，花形丰满，萌蘖枝较少。由菏泽赵楼牡丹园于 1966 年育成。

29. 锦帐芙蓉

花蕾圆尖。花粉红色。花径 13 厘米左右。花梗短，花朵藏于叶丛中。中花品种。株型中高，半开展。枝较粗，生长势较强，成花率低，萌蘖枝多。传统品种。

30. 翠叶紫

花蕾圆形。花紫色。花径 16 厘米左右。花梗较长而硬，花朵直上。中花品种。株型中高，直立。枝较粗，一年生枝较长，黄绿色，节间短。生长势中，成花率高，早春新枝、新叶皆嫩绿色，萌蘖枝少。由菏泽赵楼九队于1971年育成。

31. 雪桂

有时呈托桂形。花蕾圆尖，花白色。花径15厘米左右。花梗短，花朵侧开。中花品种。株型中高，半开展。枝较粗硬，生长势较强，成花率较高，萌蘖枝多，不易感染叶斑病。由菏泽赵楼九队于1974年育成。

32. 赵紫

花紫色。花径14厘米左右。花梗较短，微软，花朵侧开。中花品种。株型中高，开展。枝较粗壮，生长势较强，成花率高，萌蘖枝较多，花经日晒后色淡。传统品种，清代由菏泽赵氏桑篱园育成。

33. 银粉金鳞

花蕾圆形。花粉红色。花径18厘米左右。花梗长而细软，花朵下垂。晚花品种。株型矮，开展。枝细而弯曲，生长势较弱，但成花率高，单花开放时间长，萌蘖枝多。传统品种。

34. 皱叶红

花蕾小，圆形。花浅红色。花径14厘米左右。花梗较细，花朵直上。中花品种。株型矮，半开展。枝较细弱，成花率较高，萌蘖枝少。由菏泽赵楼九队于1970年育成。

35. 青山贯雪（别名：石园白）

花蕾圆尖。花初开粉白色，盛开白色。花径12厘米左右。绿色彩瓣。花梗短，花朵直上或侧开。早花品种。株型矮，半开展。枝粗壮，生长势较强，但成花率低，花形不甚整齐，萌蘖枝多。传统品种。

36. 万世生色

花蕾圆尖。花浅紫色。花径17厘米左右。花梗粗而软，花朵侧开。中花品种。株型中高，平展。枝较粗壮，生长势较强，成花率高，萌蘖枝多。由菏泽赵楼牡丹园于1966年育成。

37. 银鳞碧珠

花蕾圆形。花粉紫色。花径18厘米左右。花梗硬，花朵侧开。中花品种。株型高，直立。枝粗壮，生长势强，成花率高，萌蘖枝少，不易感染叶斑病。由菏泽赵楼牡丹园于1967年育成。

38. 丁香紫

花粉紫色。花径15厘米左右。花梗长而硬，花朵侧开。晚花品种。株型中高，开展。枝粗壮，生长势较强，成花率较高，抗叶斑病，萌蘖枝多。由菏泽赵楼牡丹园于1968年育成。

39. 万叠云峰

花蕾圆形，顶部常开裂。花浅紫色。花径 16 厘米左右。花梗较短，软，花朵侧开。中花品种。株型中高，开展。枝粗，稍有弯曲，生长势中，成花率高，萌蘖枝多。由菏泽赵楼牡丹园于 1973 年育成。

40. 丹皂流金

花蕾圆尖。花紫红色，晶莹细腻，润泽。花径 16 厘米左右。花梗硬，花朵直上。中花品种。株型矮，半开展。枝细，生长势较弱，成花率低，分枝少，萌蘖枝亦少，株态紧凑。传统品种。

41. 三英士

花蕾圆形，端部常开裂。花紫红色。花径 15 厘米左右。花梗长而硬，花朵直上。中花品种，偏早。株型中高，半开展。枝较粗壮，生长势强，成花率高，适应性广，分枝少，萌蘖枝较少。由菏泽赵楼牡丹园于 1970 年育成。

42. 百园红霞

花蕾圆尖。花紫红色，有润泽。花径 16 厘米左右。花梗长而硬，花朵直立。中花品种。株型高，直立。枝硬，一年生枝长，节间亦长，生长势强，成花率高，蕾期耐低温，花色艳丽，株型紧凑，萌蘖枝多。由菏泽百花园 1972 年育成。

43. 墨魁（别名：紫魁）

花蕾大，圆形。花紫色。花径 17 厘米左右。花梗较软，花朵侧开。中花品种。株型中高，开展。枝粗壮弯曲，一年生枝较短，节间短。生长势强，成花率高，花朵大而丰满，分枝少，萌蘖枝很少。传统品种。

44. 姚黄

有时呈金环形。花蕾圆尖。花淡黄色。花径 17 厘米左右。花梗长而硬，花朵直上。中花品种。株型中高，开展。枝粗壮弯曲，一年生枝较短，节间短。生长势强，成花率高，花朵大而丰满，分枝少，萌蘖枝很少。传统品种。

45. 邦宁紫

花暗紫色，瓣边粉紫色。花径 17 厘米左右。花梗较短，花朵直上。中花品种。株型矮，半开展。枝粗壮，一年生枝短，节间亦短。生长势较强，萌蘖枝少。传统品种。

46. 丝绒红

花浅紫红色。花径 18 厘米左右，花朵直上或侧开。中花品种，偏早。株型中高，直立。枝较硬，一年生枝较长，节间短。生长势强，成花率高，分枝多，萌蘖枝亦多。由菏泽百花园于 1995 年育成。

47. 紫瑶台

花蕾圆形。花粉紫色。花径 13 厘米左右。花梗略长，花朵侧开。早花品

种。株型矮，开展。枝细，弯曲，植株生长缓慢，但成花率高，萌蘖枝少。由菏泽赵楼牡丹园于 1963 年育成。

48. 冠世墨玉

有时呈托桂形。花蕾圆尖。花墨紫色，有光泽。花径 17 厘米左右。花梗较长而硬，花朵直上。中花品种。株型中高，偏矮，直立。枝较粗壮，一年生枝较短，浅紫色，节间短。生长势中，成花率高，株型紧凑，分枝少，萌蘖枝亦少。由菏泽赵楼牡丹园于 1973 年育成。

49. 藕丝魁

有时呈托桂形。花蕾圆尖。花淡粉紫色，微带蓝色。花径 14 厘米左右。花梗短，花朵藏于叶丛内。中花品种。株型中高，偏矮，半开展。枝粗壮，一年生枝较短，节间亦短。生长势强，但成花率低，萌蘖枝多。传统品种。

50. 藏枝红

花蕾小，圆尖形。花紫红色，有光泽。花径 16 厘米左右。花梗细而短，花朵隐于叶间。最早开花品种。株型矮，开展。枝细硬，生长势强，成花率高，萌蘖枝多，适应性强，抗病力强。由菏泽赵楼牡丹园于 1963 年育成。

51. 观音面

常有单瓣形和荷花形以及托桂形。花蕾圆尖。花粉白色。花径 18 厘米左右。花梗长而粗硬，花朵直上。早花品种。株型高大，直立。枝粗壮，生长势强，成花率高，分枝较少，萌蘖枝多。由菏泽赵楼牡丹园于 1977 年育成。

52. 青龙戏桃花

花蕾圆尖。花粉色。花径 15 厘米左右。花梗细而硬，花朵侧开。花期较早。株型中高，半开展。枝较细弱，生长势中，成花率高。由菏泽百花园于 1984 年育成。

53. 冰壶献玉

花蕾圆形。花初开浅粉白色，盛开白色，微带蓝色。花径 15 厘米左右。花梗较长而软，花朵侧开。中花品种。株型中高，开展。枝较细，软而弯曲，生长势中，成花率较高，萌蘖枝少。由菏泽赵楼九队于 1968 年育成。

54. 烟笼紫（别名：烟笼紫珠盘）

花蕾圆尖。花墨紫色，有光泽。花径 16 厘米左右。花梗长而直，花朵直上。中花品种。株型矮，半开展。枝较细，生长势较弱，成花率高，花形丰满，整齐，株态匀称端庄，萌蘖枝少。传统品种。

55. 银月

花蕾圆尖。花白色。花径 15 厘米左右。花梗长硬，花朵直上。中花品种，偏晚。株型高，直立。枝细硬，长势强，成花率高，花色洁白无瑕，单花期较长，分枝少，萌蘖枝亦少。由菏泽百花园于 1993 年育成。

56. 紫红争艳

花蕾扁圆。花深紫红，有光泽。花径 15 厘米左右。花梗细长，花朵直上。中花品种。株型高，直立。枝较细，生长势强，成花率高，萌蘖枝较多，花瓣凋谢而不易脱落。由菏泽赵楼牡丹园于 1976 年育成。

57. 平湖秋月

花蕾圆尖。花复色。花径 18 厘米左右。花梗长而硬，花朵直上。中花品种。株型高，直立。枝粗壮，一年生枝长，节间亦长。生长势强，成花率高，抗倒春寒和病害，较耐盐碱，萌蘖枝少。由菏泽赵楼牡丹园于 1984 年育成。

58. 雪塔

有时呈荷花形或托桂形。花蕾圆尖形。花白色，微带淡橘黄色。花径 16 厘米左右。花梗粗，花朵直上。中花品种。株型中高，半开展。枝粗壮，一年生枝较短，节间亦短。生长势强，成花率高，萌蘖较多。由菏泽赵楼九队于 1973 年育成。

59. 紫绒剪彩

花蕾圆形。花深紫红色，有润泽。花径 18 厘米左右。花硬稍短，微有紫色晕，花朵直上或侧开。中花品种。株型中高，半开展。枝粗壮，一年生枝较短，节间短。生长势强，成花率高，适应性强，花形丰满，分枝多，萌蘖枝亦多。由菏泽百花园于 1980 年育成。

60. 无瑕美玉

花蕾圆尖。花白色，花径 16 厘米左右。花梗较软，花朵侧垂。中花品种。株型矮，开展。枝较细，弯曲，一年生枝较长，节间短。生长较慢。分枝力差，萌蘖枝少。由菏泽赵楼牡丹园于 1983 年育成。

61. 景玉（别名：赛雪塔）

花蕾圆尖。花初开粉白色，盛开白色。花径 17 厘米左右。花梗细硬而长，花朵直上。早花品种。株型高，直立。枝细硬，一年生枝长，节间亦长。生长势强，成花率特高，丰花，花形丰满，整齐一致。抗逆性强，萌蘖枝少。由菏泽百花园技师孙景玉于 1978 年育成。

62. 白玉

花蕾圆形。花初开粉白色，盛开白色。花径 16 厘米左右。花梗稍长，花朵侧开。中花品种。株型矮，半开展。枝稍细，生长势较强，成花率高，花形丰满，萌蘖枝较多。传统品种。

63. 娃娃面

花蕾圆尖。花粉白色。花径 15 厘米左右。花梗粗，花朵直上或侧开。中花品种。株型矮，开展。枝粗而硬，一年生枝短，节间亦短。生长势中，成花率高，萌蘖枝少。由菏泽赵楼牡丹园于 1978 年育成。

64. 残雪

有时呈托桂形。花蕾圆尖。花初开乳黄色，盛开白色。花径 16 厘米左右。花梗长，花朵直上。中花品种。株型中高，直立。枝细而硬，一年生枝长，淡褐色，节间较短。生长势强，成花率较低，萌蘖枝少。由菏泽赵楼牡丹园于 1989 年育成。

65. 粉盘锦球

花蕾圆尖。花粉色。花径 16 厘米左右。花梗粗硬，花朵侧开。晚花品种。株型中高，开展。枝较粗壮，枝叶茂盛，但成花率较低，萌蘖枝较多。由菏泽赵楼牡丹园于 1968 年育成。

66. 银桂飘香

有时呈托桂形。花蕾圆尖。花白色（稍有黄色）。花径 21 厘米左右。花朵直上。中花（偏晚）品种。株型高，直立，枝粗壮，生长势强，成花率高，抗逆性强，分枝少，萌蘖枝多。由菏泽赵楼牡丹园于 1995 年育成。

67. 大展宏图

花蕾圆尖。花紫红色。花径 18 厘米左右。花朵侧开，中花品种。植株中高，半展开。生长势中，成花率高。花形丰满，萌蘖枝多。由菏泽市赵楼牡丹园于 2001 年育成。

68. 碧空金星

花蕾圆尖。花粉蓝色。花朵直上。中花品种。株型中高，生长势强。由菏泽赵楼牡丹园于 2000 年育成。

69. 露珠粉

花蕾圆尖。花盛开时粉色，格外清香。中花品种。株型中高，生长势弱。传统品种。

（九）绣球形

雄蕊全部高度瓣化，其瓣化瓣与外瓣大小、形状近似，很难区分。雌蕊瓣化或退化或完全消失。全花丰满，形如绣球。

1. 圆叶锦球

有时呈皇冠形。花蕾圆尖。花盛开粉色。花径 17 厘米左右。花梗粗而长，花朵侧开。晚花品种，株型中高，开展。枝条粗壮。一年生枝条长，生长势强，成花率低。由菏泽赵楼牡丹园于 1979 年育成。

2. 绿香球

有时呈皇冠形。花蕾圆形，绿色，盛开粉色。花径 18 厘米左右，花梗粗而长，花朵侧开。晚花品种，株型高，开展。枝条粗壮略弯曲。一年生枝条长，生长势极强，成花率很高，抗病，耐盐碱。由菏泽赵楼牡丹园于

1975 年育成。

3. 千叠绣球

花蕾圆尖。花蓝紫色。花径 19 厘米左右。花梗粗硬，花朵侧开。晚花品种。株型高，生长势强，成花率中。由菏泽赵楼牡丹园于 2002 年育成。

4. 雁落粉荷

花蕾圆形。花粉色略带蓝色。花径 16 厘米左右，花梗短，花朵直上。晚花品种。株型中高，半开展。生长势强，成花率高，耐盐碱。由菏泽赵楼牡丹园于 1963 年育成。

5. 雪映朝霞

花蕾圆尖。花初开粉红色，盛开粉白色。花径 16 厘米左右，花梗长而软，花朵下垂。晚花品种，株型高，开展。生长势强，成花率低。由菏泽赵楼牡丹园于 1973 年育成。

6. 叠云

有时呈蔷薇形。花蕾圆尖。花紫红色，润泽。花径 16 厘米左右。花梗细长，花朵侧开。晚花品种。株型中高，生长势中。由菏泽赵楼牡丹园于 1987 年育成。

（十）楼子台阁形

由 2 朵或 2 朵以上楼子类单花上下重叠而成。

1. 锦红（别名：金奖红）

花蕾圆尖。花浅紫红色，细腻润泽。花径 20 厘米左右。花梗硬。中花品种，较晚。株型高，半开展。生长势强，成花率高，花朵大。抗叶斑病，蕾期较耐低温。由菏泽百花园于 1982 年育成。

2. 玉楼点翠

花蕾圆尖。花白色。花径 17 厘米左右。花梗长，较软、花朵侧开或侧垂。晚花品种。株型高，开展。枝粗而软，弯曲。一年生枝长，节间亦长，暗紫色。生长势强，成花率稍低，根产量高，抗叶斑病，落叶晚，萌蘖枝多。由菏泽赵楼牡丹园于 1966 年育成。

3. 假葛巾紫

花蕾扁圆。花紫色。花径 18 厘米左右。花梗长，稍软，花朵侧开。晚花品种。株型中高，直立。枝较粗。一年生枝长，节间短。生长势中，成花率较低，花朵丰满，分枝少，萌蘖枝亦少。传统品种。

4. 锦绣球

花蕾圆尖。花深紫红色，润泽。花径 15 厘米左右。梗长而硬，花朵直上。中花品种。株型中高，直立。枝粗壮，一年生枝较长，节间稍短。生长势强，成花率高，花形丰满，适应性强，萌蘖枝多。由菏泽赵楼九队于 1982 年育成。

5. 冠群芳

花蕾圆尖。花深紫红色,有润泽。花径 18 厘米左右。花梗长而硬,花朵直上或侧开。中花品种。株型中高,生长势中,成花率高。花朵丰满,蕾期耐低温。由菏泽百花园 1971 年育成。

第九节　牡丹文创科技园服务乡村振兴

由菏泽市政府牵头,牡丹区人民政府、中国美术学院国家大学科技园、菏泽职业学院三方共建菏泽市双招双引重点建设项目。该项目引进全国第一个以艺术创意为特色的国家级大学科技园——中国美术学院大学科技园的运营模式和品牌效应,是中国美术学院第一次授权在浙江省外区域使用"中国美术学院"专有品牌的重点项目。项目明确提出建成山东省文创产业创新中心,争创国家级文化科技融合示范基地的总体目标。以助力菏泽经济发展为宗旨,以"非遗、文创、艺术、交流、孵化"为主线,全面实施"文创＋科创"的双引擎驱动,规划建设"五大基地"(文创产业培育基地、非遗文化传承基地、高层次人才培训基地、职业教育实训基地、人工智能制造基地)、"四大中心"(牡丹产业创新中心、电子商务服务中心、总部经济发展中心、优质项目路演中心),致力于把菏泽打造成为省内领先、全国一流的牡丹文化创意产业中心,力求以文创科技产业擦亮菏泽——中国牡丹城这一城市名片。目前,签订入园协议企业 138 家,预计 5 年内入园企业超过 200 家,实现地方税收超过 1亿元。

1. 万花湖美术馆·杨参军油画作品展

该画展由中国美术学院、菏泽市委宣传部、菏泽职业学院主办,主要展示杨参军近年画作,尤其是 2022 年的新作,分为静物、人物、风景三个板块,共 100 余幅作品。画展以"家园"为主题,作品内容多为作者老家及其身边朋友。杨参军是中国美术学院教授、博士生导师,浙江省油画家协会主席、浙江省美术家协会艺术指导委员会主任、中国油画学会艺术委员会委员、北京当代中国写意油画研究院学术委员会主任和中国美术家协会国家重大题材美术创作艺术委员会委员。

2. 菏泽非遗传承馆

菏泽市是非遗大市,国家级非物质文化遗产数量居全国第三位。菏泽非遗传承馆总面积1 700米^2,是菏泽市面积最大的展厅,囊括了国家级、省级和部分市级的非遗项目。整个展厅设计成艺术长廊形式,分为传统民俗、传统医药、传统手艺、传统美术、传统武术、游艺与杂技等 9 个空间板块。非遗与研学的结合使该馆成为绝佳的研学旅行场所,可让学生充分认识非遗文化,并在体验中感受传统文化的厚重、领悟民族精神的力量，同时馆内的一些互动设备，如互动显示屏和 VR 设备等，能够很好地增加趣味性和体验性。

3. 曹州传奇——儿童大型综合材料手作展

该手作展为慢视界美术教育三百多名孩子共同协作完成的大型综合材料手作艺术品。该作品立足菏泽本土文化，以从古到今时间长河为发展脉络，展现曹州古城的市井风情、建筑特色、人物习俗、民间艺术、时代变迁等社会风貌，让孩子们从艺术制作过程中深入了解家乡历史，探究曹州传奇故事，从而激发孩子们热爱家乡的深沉情感。曹州传奇手作展充分体现了原创性、地域性、艺术性，符合孩子们心目中古曹州的可爱印象，是孩子们自由想象和创造的心灵乐园，是废旧材料的诗意表达，更是灿烂童心与大胆创造的精彩呈现。

4. 毛瓷展

毛瓷，特指 1974 年湖南醴陵瓷和 1975 年江西景德镇制作的两批瓷器。这两批专为毛泽东主席设计研制的瓷具也是 20 世纪中国制瓷工艺的代表，在收藏界也被称为主席瓷。在建国后很长一段时期内，醴陵都担负着为国家领导人及中央机关专制瓷器的任务，其中 1974 年为毛泽东主席专门定制的生活用瓷更是精品中的精品，具有很高的收藏价值。生产毛瓷是 1975 年 1 月瓷都景德镇的中国轻工业陶器研究所接到的第一项任务，所以称其为"7501"工程，生产的瓷器也称"7501"毛瓷。

5. 中国鲁菜博物馆

该博物馆分鲁东海洋饮食文化区、鲁中山地饮食文化区、鲁西运河饮食文化区。目前展示有山东八大百年名店及名菜、名厨。其中百年老店聚丰德是唯一现存的。它的代表菜品有葱烧海参、烤鸭、油旋。聚丰德代表名厨王兴南大师所做油旋，伟大领袖毛主席曾品尝过后大加赞扬。黑伟钰大师是王兴南大师的徒孙，国家级技能大师，享受国务院政府特殊津贴，2022 年获"齐鲁大工匠"荣誉称号。该馆展示有 2008 年经山东省质量技术监督局批准的 20 道标准化鲁菜，它的诞生也标志着中国鲁菜进入产品量化、标准化的全新时期，同时填补了中国鲁菜无标准的空白。中国鲁菜博物馆将更好地促进文化传承、产教融合，并有效解决学生就业。

6. 花开盛世——故宫牡丹文化进菏泽创意展

为传播牡丹文化、助力菏泽高质量发展，中共菏泽市委宣传部、菏泽市牡丹发展服务中心、菏泽职业学院、菏泽市精品旅游促进会与故宫出版社携手举办以"花开盛世——故宫牡丹文化进菏泽"为主题的"悦读故宫"牡丹文化创意展，从故宫文化藏品中甄选牡丹元素经典展品百余件，共分三个单元：丹青写倾城（包括书画长廊、花事典故、瓶花佳趣、一起读故宫四个部分）、丹青雅室（按照一比一复制的三希堂、三友轩、玉粹轩等主题空间）、文创作品展陈，依托故宫博物院丰富的书画藏品，围绕牡丹题材内容，营造四时牡丹美景、瓶花佳趣，讲述古人与牡丹的典故，诠释故宫牡丹文化和菏泽牡丹的盛世之合。

第十节　国家级牡丹种质资源库

国家牡丹与芍药种质资源库落户菏泽市牡丹区菏泽瑞璞牡丹产业科技发展有限公司。该公司是一家专业从事牡丹栽培、牡丹种质资源收集与保存、牡丹系列产品研发、生产、销售的科技型企业，是菏泽市农业产业化重点龙头企业、中国低碳绿色创新企业、中国牡丹深加工行业最具影响力企业等。

一、科技创新支撑牡丹产业化发展的重要性

实施科技创新驱动提升牡丹产业价值链，既是国家的一项大战略，也是山东省菏泽市加快农业产业结构调整和转型升级的重要举措，有利于培育新的经济增长点，实现产业转型升级，推动"三农"发展；菏泽拥有我国重要的油用牡丹种植栽培、生产加工基地，牡丹种植历史悠久，资源优势得天独厚，菏泽市委、菏泽市政府提出举全市之力加快油用牡丹产业化发展，把菏泽建设成全国最大的油用牡丹栽培中心、研发中心、培训中心、产业化中心，发挥其在全国的引领、示范、带动作用；油用牡丹作为国家新技术产业，具有非常大的开发价值。2011 年 3 月 22 日国家卫生部正式批准牡丹籽油为新资源食品，国家林业局将菏泽市列为全国油用牡丹生产基地试点区。实施创新驱动发展战略，应加快油用牡丹产业化发展，延长牡丹产业链条，提升牡丹产业价值链，形成牡丹产业集群，提高牡丹品牌文化价值，扩大牡丹品牌的影响力，增强牡丹各终端产品的市场竞争力。牡丹籽油营养价值高，其价值超过高端橄榄油，被称为植物中的珍品。开发研究牡丹籽油，既有利于缓解我国食用油紧张的矛盾，又可破解依赖进口食用油潜在的安全风险。但油用牡丹被国家卫生部认定为新资源食品的时间较晚，种植、生产、精深加工科技开发与研究等还处于初级阶段，油用牡丹新品种亟待选育，绿色化种植亟待推广，产业链条亟待延长，新技术、新工艺亟待开发，产品价值亟待提升，专业技术人才亟待培养，因此，要坚持创新思维、创新理念、创新思路，树立市场化、国际化、法治化新理念，积极推进菏泽市国家牡丹农业科技园区建设，集聚龙头企业，建设牡丹国际商品大市场，围绕牡丹苗木、牡丹花卉、牡丹深加工产品、牡丹衍生品、牡丹工艺品等，提升打造牡丹产业价值链，延长牡丹产业链条，突出种苗繁育、花卉培植、精深加工、文化旅游产业集群建设，带动牡丹种植面积不断增加，使牡丹产业成为新的经济增长点。鼓励企业到外地发展牡丹种植、加工产业，

推动全国牡丹产业大发展，汇聚发展新动能，提升牡丹产业发展新质生产力，加强系统研究和顶层设计，明确发展目标和任务，以科技为支撑、以市场为导向、以发展为目标，注重科技创新和标准化建设，突破技术难点和发展瓶颈，政策给予支持，为企业发展松绑，创造企业发展的良好环境和良好生态，从科研创新、科研成果转化、新品种繁育、新产品开发、新农人培训培养等方面持续发力，通过数字赋能、平台建设、技术创新、产业升级等措施，推动牡丹产业数字化、智能化、品牌化发展，促进牡丹产业成为区域特色明显、经济效益显著、发展持续高效、对环境和谐友好的产业，打造新型支柱产业和壮大重要经济增长点，把菏泽牡丹之都这篇大文章做大做强做高做精，为国家牡丹产业化健康可持续发展贡献智慧和力量。

二、牡丹种质资源发展现状

全面建设国家牡丹种质资源菏泽库，汇集国内外优质牡丹品种，开展优质品种育种工作，丰富和拓展牡丹种质资源，可为牡丹产业可持续发展奠定坚实基础，提供优质牡丹种质资源保障。推进农业龙头化企业建设，采取"公司＋基地＋农户"模式，结合乡村振兴战略的实施，建设可以实现科技研发、种苗繁育、示范种植、反季节栽培、鲜切花栽培、生产加工、文化旅游、市场销售一体化推进的牡丹园林田园综合体，可促进牡丹产业快速发展，打造高质量发展的牡丹产业集群，带动地方经济快速发展，增加农民收入，服务乡村振兴。

国家牡丹与芍药种质资源库筛选出用芍药根做砧木的嫁接观赏牡丹，推动了牡丹从分株繁殖向嫁接繁殖的转换，研究试验用凤丹实生苗做砧木，嫁接观赏牡丹，实现了牡丹种苗规模化、标准化生产。研究牡丹种苗出口加工技术，开拓国际市场，使中国牡丹国际市场占有率从3％提高到70％。先后承担国家863计划项目、国家自然科学基金项目和山东省项目27个。其中，"油用牡丹种植、加工关键技术及产业化"新技术入围国家奖，"牡丹新品种培育及产业化关键技术与应用"获梁希林业科学技术奖，"牡丹换芽嫁接快繁技术"获中国技术市场协会金桥奖一等奖，先后获国家和省部级成果奖13个，地方奖11个。20世纪70年代开始，举办或参加国内外多次花博会，承担牡丹花技术工作，都取得了成功。菏泽牡丹参展法国波尔多国际花卉博览会获银质大奖，中央广播电台说"首次代表中国牡丹，参加国际博览会获大奖，为国家争了光"。1999年昆明世界园艺博览会，一举夺得111个奖牌中的81块。先后获得国内外荣誉奖190多个。

坚持创新引领发展，目前申报发明专利44项，涵盖牡丹产业集群的诸多方面。主持或参与起草牡丹、芍药的国家和地方标准12项。聚焦凤丹彩色化育种（油用牡丹彩色化）和切花牡丹育种，以单一凤丹为母本，以牡丹的种或品种作为父本，培育出"凤丹彩色品种体系"和"切花牡丹品种体系"，这两项成果于 2022 年通过专家鉴定。围绕牡丹籽油的制备技术与方法、牡丹籽油的冷榨方法、牡丹籽脱壳机设计与制造、牡丹籽粕的综合利用、牡丹籽壳的综合利用、牡丹花露的提取制备、牡丹酱的制备、牡丹软胶囊的制备、牡丹营养片的制备、牡丹蛋白饮料的制备、牡丹护肤品的制备、牡丹花青素的制备、牡丹活性成分的提取等，将牡丹产业作为乡村振兴战略的重要抓手，充分挖掘牡丹作为食品新原料和文旅新主题的应用价值、市场价值，注重开发功能性食品、药食同源食品、高端化妆品，为食品行业、医药行业、化妆品行业赋能助力，推动行业产业升级发展，反哺和带动牡丹产业发展。

三、国家花卉种质资源库建设管理现状

国家花卉种质资源库建设为我国牡丹发展发挥了重要的积极作用。瑞璞牡丹产业科技发展有限公司国家牡丹与芍药种质资源库占地面积 238 亩，种植区面积约 180 亩，种质资源库核心区约 30 亩。种质资源库自成立以来，收集保存牡丹品种 507 个、芍药品种 227 个、野生牡丹种 7 个、野生芍药种多个、伊藤杂种 4 个；累计培育自然杂交苗近 25 万株，芍药自然杂交苗约 2 万株，积累了大量的育种材料。

1. 注重牡丹与芍药种质资源的收集和保护工作

对野生种质资源进行实地考察，并联合当地有关部门或企业，建立牡丹与芍药种质资源库分库，就地（或迁地）保护野生种质资源，每年组织 3～5 次野生资源考察，涉及全国多地，如甘肃兰州、榆中、天水，四川普格、九龙、冕宁、丹巴、康定、美姑、攀枝花等，湖北宜昌、建始，湖南邵阳、邵东等。尤其是自 2016 年 11 月 21 日，瑞璞神农牡丹产业园入选首批国家牡丹与芍药种质资源库所在地以来，更是加大了牡丹与芍药品种的收集保存力度，并充分利用保存的种质资源进行新品种选育研究。

进一步规范国家牡丹与芍药种质资源库管理，充分发挥国家花卉种质资源库的作用，建立了完善的《牡丹与芍药国家花卉种质资源库档案》，收集品种数量均登记在册；为更好地保护和利用牡丹与芍药种质资源，制定了《牡丹与芍药国家花卉种质资源库管理规章制度》；建立了种质资源库管理团队，以油用牡丹创始人赵孝庆为首，成立了 8 人的专家团队，其中核心技术专家 4 人，核心技术骨干均是知名牡丹与芍药专家，团队直接或参与培育的牡丹芍药品种达 700 余种，经常参加国内一些品种审定。与中国著名牡丹专家李嘉珏老师建立战略合作关系，以指导资源库建设、新品种培育、野生牡丹芍药资源考察、编写相关著作等。建库以来种质资源收集、保存、利用、品种创新取得明显成效。利用不同品种间优势互补原则，采取定向杂交育种技术，进行牡丹与芍药

新品种培育，建立瑞璞牡丹新品种培育体系，如瑞璞彩色油用牡丹体系、瑞璞切花牡丹体系等。育种方向主要包括彩色油牡丹选育、切花牡丹选育、特殊花形牡丹选育、特殊香型牡丹选育、特殊用途牡丹资源选育（如食用、香料用）等。每年定向杂交1 000个杂交组合，累计培育定向杂交种苗约3.5万株；选育牡丹优良单株1 000余株，并进行扩繁建立株系圃，其中彩色油用牡丹420余个、切花牡丹460余个、观赏效果好的牡丹140余个、其他20余个。另外，通过纯化手段，采收二代彩色油用牡丹种子46.5千克，已播种到试验田。

瑞璞牡丹产业科技发展有限公司选育的牡丹品种如下：

花木兰：花色粉紫，花瓣基部有紫斑；菊花形（6～8层）；大型花；花期长，耐日晒；花期中晚；芽褐色，卵形；株型高大，直立；二回羽状复叶，叶片长而大，浅裂；少量结籽；生长势旺盛；适合观赏和切花（彩图1-1）。

国色添香：花红色；菊花形（5～8层）；花期中晚；二回羽状复叶，长卵形，深裂；株型直立，长势强健；芽浅褐色，长卵形；结籽能力差；可做切花和观赏（彩图1-2）。

驾御龙：花深紫红色，基部有深色晕；中型花；菊花形（5～8层）；花期晚；叶片圆卵形，有齿裂，二回羽状复叶；芽浅褐色，卵形；有一定的结籽能力；株型直立，长势旺；适合做切花和观赏（彩图1-3）。

乌龙献金：花深紫红色，基部有深色晕；中型花；菊花形（5～8层）；花期晚；叶片圆卵形，有齿裂，二回羽状复叶；芽浅褐色，卵形；有一定的结籽能力；株型直立，长势旺；适合做切花和观赏（彩图1-4）。

瑞波功：花紫红色，艳丽；菊花形（5～6层）；花期中晚；叶片中圆形，深裂，二回羽状复叶；落叶较晚；芽长卵形，红褐色；有结籽能力；生长势强；适合做切花（彩图1-5）。

满天红：花玫红色，较艳丽；菊花形（5～8层）；花期晚且长；耐日晒；叶片狭长，微黄，二回羽状复叶，深裂；浅褐色芽，结籽能力一般；株型直立，生长势强；可做切花和观赏（彩图1-6）。

沁田美：花亮白色，微粉；花瓣基部粉蓝色；菊花形，有时台阁形；花期中晚；叶片长卵形，二回羽状复叶；结籽能力差；株型直立；生长势旺；适合做观赏和切花（彩图1-7）。

血气方刚：花紫红色；菊花形；花期晚；叶片卵圆形，浅裂，二回羽状复叶；株型直立，生长势强；芽浅褐色；结籽能力差；适合做切花和观赏（彩图1-8）。

才高八斗：花红色；菊花形；花期中；叶片长卵形，浅裂，中大，二回羽状复叶；芽浅色，结籽能力差；株型直立，生长势强；适合做切花和观赏（彩图1-9）。

天高云淡：花粉色，菊花形（5～6层）；花期中晚；叶片卵圆形，二回羽状复叶，深裂；芽长卵形，浅褐色；结籽能力差；生长势强；可观赏和做切花（彩图1-10）。

火星花：花鲜红色；菊花形（5～6层）；花期中晚；叶片长卵形，有浅裂，二回羽状复叶；芽浅褐色；结籽能力一般；生长势强；可做切花和观赏（彩图1-11）。

双碟会：花复色（浅紫和白）；花瓣基部有紫红斑；单瓣形；花期中早；株型直立；叶片中大，长卵形，二回羽状复叶；芽长卵形，浅褐色；结籽能力强；长势强健；可观赏、做切花和作为油用牡丹栽培（彩图1-12）。

红钻石：花紫红色，较亮丽；菊花形（5～6层）；花期中；叶片大，卵圆形，深裂，二回羽状复叶；芽长卵形，红褐色；结籽能力一般；生长势强；可做切花和观赏（彩图1-13）。

福星高照：花紫红色；菊花形（5～8层）；花期中晚；雄蕊正常，雌蕊增生，花盘黄色，柱头淡黄带粉红色；大型长叶，小叶片长卵形，有浅裂，二回羽状复叶；结籽能力差；生长势强健；可做切花和观赏（彩图1-14）。

北极光：花白色，菊花形（5～6层）；花期中；花瓣大小基本一致，质硬，基部有椭圆形黑紫斑；雄蕊正常，雌蕊房衣、柱头紫红色；花态直上，高于叶面；小型圆叶，小叶阔卵形，中裂或深裂；结籽能力一般；生长势中；可观赏和盆栽（彩图1-15）。

庆阳红：花鲜红色；菊花形或蔷薇形；小型花；花期中；花瓣多轮，内外花色一致，无色斑；雄蕊少，雌蕊房衣、柱头紫红色；中型长叶，小叶片卵形，多浅裂；结籽能力差；生长势强；可观赏（彩图1-16）。

瑞璞玫瑰：红色；菊花形（5～8层）；中型花；花期中晚；外花瓣5～6层，大小一致，内瓣小而碎；雄蕊少量瓣化，雌蕊增生，房衣、柱头紫红色；花态直上，花梗硬直；中型圆叶，小叶卵形，有浅裂、皱褶，有褐色晕；有淡淡花香；结籽能力差；生长势强；可做切花和观赏（彩图1-17）。

紫砂碗：花浅紫红色；荷花形（3～4层）；小型花；花期中晚；瓣端有裂，色稍浅；雄蕊少，雌蕊增生6～8枚，心皮白色、柱头紫红色；花态直上，花梗硬直；中型长叶，小叶长卵形，有褐色晕；结籽能力差；生长势强；可做切花和观赏（彩图1-18）。

照雪映玉：花白色，菊花形。大型花。花瓣齿裂深而密集，外瓣倒卵形，基部有浅粉色晕；雄蕊少量瓣化，瓣化瓣与外花瓣同色；花丝、柱头和房衣紫红色，房衣残存或半包、革质，心皮密被毛。花朵直上，花梗粗、硬、直，花高于叶丛。花香浓。花期中晚（彩图1-19）。植株中高，直立。当年生枝长。大型长叶；顶小叶全缘，侧小叶质软，长卵形，先端尖，叶脉下凹。叶上表面绿色，叶缘有紫晕，叶背无毛。少量结实，生长势强，抗逆、抗病。适宜盆栽、切花栽培。菏泽瑞璞牡丹产业科技发展有限公司 2020 年育成。品种登录号 MD2023015。

粉秀金环：花粉红色，时金环形，时有荷花形菊花形。花蕾圆形。花期中晚。外瓣 2～3 轮，较圆整，瓣缘有缺裂，瓣基红色晕；雄蕊少量离心瓣化，瓣化瓣较大，与外瓣同色；内外瓣间具有明显的雄蕊环，花丝紫红色；雌蕊正常，房衣紫红色。花开直上，花高于叶丛，花淡香（彩图 1-20）。植株高大，直立。当年生枝长。大型长叶；顶小叶 3 裂，侧小叶质软，长卵形，先端尖，叶脉下凹。叶上表面绿色，叶缘有紫晕，叶背无毛。少量结实，生长势强，抗逆、抗病。适宜庭院栽培、切花栽培。

2023 年 4 月，牡丹花期和芍药花期，中国花卉协会进行牡丹芍药新品种登录，在 2023 年 12 月公布了登录结果。其中瑞璞牡丹产业科技发展有限公司成功登录牡丹新品种 4 个，芍药新品种 6 个。

制定了 10 多项菏泽市地方标准。包括《加工用牡丹籽技术规范》（DB3717/T 4—2021）；《观赏牡丹种苗生产技术规范》（DB3717/T 5—2021）；《出口牡丹种苗加工技术规范》（DB3717/T 6—2021）；《牡丹鲜切花生产技术规范》（DB3717/T 8—2021）；《芍药鲜切花促成栽培生产技术规程》（DB3717/T 14—2023）。

取得了多项发明专利名成果，包括一种牡丹籽剥壳机（ZL200920281829.8），一种牡丹籽油的冷榨制备方法（ZL200910310143.1），一种牡丹籽油的制备方法（ZL200910310142.7），一种牡丹籽油软胶囊及其制备方法（ZL201210049544.8），牡丹饼粕的综合利用方法（ZL201210557889.4），牡丹壳的综合利用方法（ZL201210557973.6），含牡丹仁的植物蛋白饮料及其制备方法（ZL201310067613.2），一种含牡丹活性成分的护肤品及其生产方法（ZL201510576922.1），一种含牡丹提取物的化妆品及其制备方法（ZL201510558450.7），一种从牡丹壳中提取原花青素的方法（ZL201510530093.3），一种牡丹营养片及其制备方法（ZL201510116175.3），牡丹花在同时制作牡丹花露和牡丹花酱中的应用及方法（ZL201710270889.9），一种新型多年草本植物粮食的制备方法（ZL202011227212.5），一种新型母本植物粮食的生产制备方法（ZL202011227213.X）等。

2. 取得的科技成果

主要包括：鲁科成鉴字〔2009〕第 1568 号《牡丹籽油生产工艺》科学技术成果鉴定证书（菏泽市科学技术进步奖一等奖）；鲁科成鉴字〔2009〕第 1567 号《油用牡丹 GAP 规范》科学技术成果鉴定证书；菏科成鉴字〔2015〕第 001 号《油用牡丹新品种选育与研究》科学技术成果鉴定证书（菏泽市科学技术进步奖一等奖）；中农（评价）字〔2014〕第 02 号《油用牡丹种植、加工关键技术及产业化》评价报告；菏科成鉴字〔2020〕第 136 号《芍药优良品种选育及产业化技术研究与应用》科学技术成果鉴定证书（菏泽市科学技术进步奖一等奖）；菏科成鉴字〔2021〕第 0229 号《牡丹优良品种选育及产业化技术研究与应用》科学技术成果鉴定证书（菏泽市科学技术进步奖一等奖、梁希林业科学技术奖二等奖）；菏科成鉴字〔2022〕第 001 号《鲜切花牡丹选育技术研究》科学技术成果鉴定证书；菏科成鉴字〔2022〕第 002 号《油用牡丹彩色化技术研究》科学技术成果鉴定证书。

3. 国家花卉种质资源库建设过程中存在的问题

近些年来，牡丹产业化得到快速发展，但新品种选育发展相对缓慢，存在与产业化发展不匹配的问题。由于国内牡丹新品种选育发展相对缓慢，牡丹种业的绝对优势面临严峻挑战，存在被欧美、日本等国家后来者赶超或失去优势的可能。菏泽虽是我国牡丹种植面积最大、品种最多的旅游观赏、栽培中心，但栽植品种多数是 20 世纪六七十年代培育的老品种，这些品种经过连年种植，出现品质下滑的现象，导致农户种植积极性下降，近些年，我国牡丹市场逐渐被国外牡丹品种占领。

2020 年 11 月 24 日，瑞璞牡丹产业科技发展有限公司国家牡丹与芍药种质资源库与赵楼牡丹研发中心联合调研发现，菏泽近些年的热销牡丹品种有221 种，其中国外品种 56 种，约占 25.3%，而且国外品种的占比呈现逐年上升趋势，种植面积约占观赏品种的 50%。最新数据表明，菏泽共有 1 280 种牡丹品种，当前的热销品种 165 个，占比只有 12.9%，大量品种有名无苗，甚至一些品种处于濒危状态，需要保护，稍有不慎就会失传。国内牡丹品种推广严重受限，现状堪忧。近些年洛阳牡丹发展迅速，逐渐成为与菏泽分庭抗礼的牡丹观赏、栽培中心；甘肃紫斑牡丹新品种繁育也异军突起，占领西北牡丹种苗市场。

为确保菏泽牡丹在我国牡丹中的地位，必须在合理开发利用现有牡丹品种的基础上，积极培育新型专用牡丹品种，加强菏泽牡丹在国内外市场上的竞争力。现有种植面积最大的品种是油用牡丹凤丹，牡丹籽油发现者是菏泽人，牡丹籽油创始企业也都是在菏泽，菏泽占据巨大优势，因此在牡丹籽油被卫生部批准为新资源食品后，牡丹产业在菏泽乃至全国的发展势头迅猛，油用牡丹产业上升为国家新兴战略产业，代表着牡丹产业在全国发展的一个新高峰。但油用牡丹品种在原有牡丹种质资源的基础上，挑选出的两个结籽能力强的种群，无论是凤丹还是紫斑都是白色花，性状单一，观赏性差，整体经济效益较低，该产业经过一段时间的高速发展后，目前遇到了瓶颈，急需改良油用牡丹种苗，提升经济价值。

20 世纪 60 年代，以赵楼牡丹研发中心为代表的牡丹产业发展迅速，培育了数百个优良牡丹品种，但是该批牡丹品种随着历史进程，多数品种由于退化、老化，不适应现有市场需求。目前国内热销牡丹品种，以国外品种为主。如法国的黄色系品种，金阁、金郅、金晃；日本的红色品种，花王、日月锦、金丽、太阳、新岛辉、旭港、岛锦（复色）；美国的黄色和黑色品种，海黄、黑豹等。国内一些传统品种，如魏紫、姚黄、赵粉、豆绿等名品因缺乏必要的宣传反而不受重视。油用牡丹缺乏优良品种，产业发展受到限制。牡丹切花市场需求大，但缺乏真正的切花品种。牡丹丹皮产业仍沿用老品种，存在老化低质问题。芍药鲜切花品种有待改良，芍药品种花茎不够挺直，究其原因是国内专业从事育种的团队少，缺乏对牡丹、芍药遗传规律和良种繁育机制的系统研究，导致新一代牡丹、芍药品种选育不能适应新时代发展需求。

目前市场上缺少专用切花牡丹品种。切花牡丹以凤丹应用量最大，但其花开白色，缺少牡丹雍容华贵、富丽堂皇"花中之王"的气质，制约了切花牡丹的市场前景。芍药鲜切花品质有待提升。牡丹与芍药产业是菏泽经济的一大支柱产业，是山东省的特色产业，是国家新兴战略产业之一，是带动我国经济发展的推动力之一，因此，开展专业牡丹芍药育种十分必要。

针对牡丹新品种繁育面临的问题，坚持问题导向，加强牡丹新品种繁育工作，采取有效破解措施刻不容缓。

分析我国牡丹芍药产业发展的现状，可以看出，油用牡丹、切花牡丹、切花芍药、牡丹和芍药催花是当前比较火爆的产业，依托牡丹籽油原创企业瑞璞牡丹产业科技发展有限公司董事长50余年的牡丹芍药研究经验，摸索总结遗传规律，提出要想打破现有牡丹芍药产业瓶颈，必须培育特色牡丹与芍药品种，利用定向杂交技术，开辟培育专用特色牡丹与芍药品种的新赛道，油用牡丹必将走向彩色化、走向制种工程的道路，牡丹鲜切花产业必须走选育专用鲜切花牡丹品种的道路，芍药选育要打破现有选育技术框架，利用无性杂交等技术培育具有鲜明特色的复色芍药，尽快建立牡丹与芍药新品种繁育体系。经过瑞璞牡丹产业科技发展有限公司科研团队改良的彩色油用牡丹，可集油用、切花、观赏、药用、绿化于一体，大大提升了牡丹的实用价值和商品价值；选育的专用切花牡丹品种，花茎长、不垂头、花色丰富多彩，受到了评审专家学者的一致好评；选育的无性杂交复色芍药，一经问世就受到业内专家的高度关注。

继续挖掘国内稀有、特有和重要的牡丹与芍药花卉种质资源。要收集保护牡丹与芍药种质资源，建立种质资源品种圃，观察记录各品种生长习性，生物学特征，品种间差异，纠正同物异名、同名异物等现象。

持续开展牡丹与芍药新品种培育。利用不同品种间优势互补原则，通过定向杂交育种技术，开展牡丹与芍药新品种培育，建立牡丹新品种培育体系。针对不同用途的牡丹资源选育（如食用、香料用）等，凝练育种方向，为牡丹与

芍药科研、教学和生产提供很好的基地及试验材料，建立油用牡丹和鲜切花牡丹繁育体系，良种繁育体系和推广体系。

加强牡丹与芍药稀缺品种的保护及名优品种繁育推广。实施稀缺品种保护工程，加快名优品种的繁育和推广，努力做好牡丹与芍药新品种选育技术研究，新品种登录和审定等。总之，尽可能多地收集保存牡丹与芍药种质资源，丰富遗传基因，充分利用现有牡丹与芍药种质资源，培育牡丹与芍药新品种；利用野生资源和栽培品种的合理搭配，合理利用南、北方资源，高海拔和低海拔资源的有机结合；利用牡丹与芍药间、不同种间的远缘定向杂交（有性杂交），牡丹与芍药间的无性杂交等新技术，突破传统育种方法，实现种质创新。

四、种质资源丰富

收集整理菏泽老品种 281 个，培育出中国第一批牡丹新品种 264 个，自 20 世纪 60 年代起，组织培育牡丹新品种 700 余个，芍药新品种 300 余个。坚持在传承基础上创新发展，挖掘、恢复、完善、提高牡丹广东催花技术、北方温室催花技术，推动牡丹催花规模化、标准化、科学化。加强基地建设，推进种苗繁育基地、国家牡丹种质资源菏泽库建设，建好牡丹商品国际大市场、牡丹国际电商物流基地、牡丹籽收储中心、牡丹大数据中心、七里河国家牡丹湿地公园、牡丹小镇、中国牡丹博物馆、国际国花博览园、菏泽尧舜牡丹工业旅游区、牡丹农庄、牡丹"双创"基地等重要承载设施，打造我国牡丹产业种苗繁育、技术研发、标准建立、新品开发、加工制造、检测检验、市场营销、商品出口、品牌培育、产业信息、人才培养、科普宣传、文化传播、对外交流、绿色种植、绿色加工、一二三产业产融合发展的高地。加强对牡丹产业发展的引导，引导农户和企业找准牡丹产业的投资方向，科学预测市场需求状况、发展趋势，投入与产出的时间、金额，避免盲目性，增强科学性，选择符合自身实际情况的投资方向。引导农户和企业逐步扩大油用牡丹种植面积，利用生物技术、基因工程等先进技术手段，培育高产牡丹品种，实现高产育苗。加强田间精细化管理，科学套种间作，确保资源有效利用。鼓励企业建设高产药用牡丹种植基地，大力发展牡丹反季节栽培和深加工项目，鼓励有实力的企业加大对牡丹产业的投资，扩大规模、提升质量、扩大市场、提高效益。

第十一节　校地共建牡丹学院服务人才培养

加快牡丹产业化发展亟须牡丹人才做支撑，整合资源共建牡丹学院对培养大批牡丹专业型人才意义重大。

一、整合资源共建牡丹学院的重要性和必要性

1. 中央、山东省、菏泽市领导高度重视牡丹产业化发展工作

2013 年 11 月 26 日，习近平总书记视察菏泽期间，对牡丹产业发展给予充分肯定，寄予厚望。2010 年 4 月国家林业局批准菏泽建设"国家牡丹高新技术产业基地"；国务院办公厅发布国办发〔2014〕68 号文件《国务院办公厅关于加快木本油料产业发展的意见》，山东省人民政府办公厅印发了鲁政办字〔2015〕7 号《山东省牡丹产业发展规划（2015—2020 年）》、菏泽市制定了牡丹产业发展规划。加快牡丹产业化发展亟须人才做支撑，因此，整合资源共建牡丹学院既非常重要，也非常必要。

2. 我国油用牡丹产业化的一项战略性选择

2011 年 3 月卫生部正式批准牡丹籽油为新资源食品。2012 年 3 月，牡丹籽油被列为山东省油料产业振兴规划，菏泽被列为山东省三大新开发油料基地之一：国家林业局将菏泽市列为全国油用牡丹生产基地试点区。我国是食用油严重缺乏的国家，年均缺口在 60％以上。牡丹籽油为高端食用油，被称为液体黄金。油用牡丹产业化对于促进我国油料生产、保障食用油安全、推动菏泽农村产业结构转型升级、增加农民收入都具有重大的现实意义。油用牡丹产业化已上升为国家战略，在菏泽牡丹之都整合资源共建牡丹学院，其作用和意义不言而喻。

3. 促进菏泽市牡丹产业化健康发展、可持续发展

目前，菏泽市牡丹专业技术人才严重缺乏，技术力量不足，延长牡丹产业化链条、提升牡丹价值任重道远。为此，迫切需要整合菏泽市资源，成立牡丹学院，为菏泽经济社会发展提供留得住、用得上、本土化的人才支撑，推动菏泽市牡丹产业化健康发展、可持续发展。努力把菏泽建成国际上最强的牡丹产业研发区，世界上最全的牡丹产品加工区，最大的牡丹标准化种植基地，最具影响力的菏泽牡丹品牌，使牡丹成为菏泽最大的亮点和最靓丽的名片。

4. 满足服务菏泽地方经济社会发展的需要

菏泽学院的办学定位就是教学、科研、研发、服务地方，其定位决定了菏泽学院必须围绕服务菏泽主导产业，加强学科专业建设，积极主动地加入经济社会建设的主战场。整合菏泽市资源共建牡丹学院，这既是加快菏泽可持续发展的重大战略性举措，也是推动菏泽农村产业结构转型升级的有效途径，更是菏泽学院服务地方义不容辞的职责。为此，需要政府、高校、企业联动，整合菏泽市资源，发挥联合优势，千方百计形成推动菏泽牡丹产业发

展的强大合力。

二、建设牡丹学院的基础和优势

菏泽学院具有良好的办学条件、雄厚的师资力量和突出的科研优势。菏泽市农业科学院具有一批农业专家和服务团队，以及良好的实训示范场所。一些企业虽有生产基地优势，但人才和技术力量明显薄弱，遴选菏泽优秀牡丹企业，有利于高标准生产基地建设。菏泽学院专业门类多，高层次人才优势明显，通过人脉资源整合，可以实现优势互补，弥补企业人才不足的同时，避免企业舍近求远，出现灯下黑的现象。菏泽的气候条件适宜种植牡丹，牡丹种植面积占全国的1/2，种植面积大，品种、花色多，历史悠久，是牡丹栽培中心和生产、科研、观赏、出口基地，资源优势得天独厚，菏泽作为建设牡丹学院的选地有先天的资源优势和地理优势。

三、学院定位、运行机制与建设规划

1. 学院定位

2017年菏泽学院成立牡丹学院，牡丹学院以菏泽学院园林工程系、生命科学系、资源环境系为基础，整合相关资源成立。有效整合教育、培训资源，建设市县乡三级教育、培训体系，形成以牡丹学院为主体，以菏泽市农业科研院所、农广校为补充，以牡丹农业园区和生产企业为基地，满足学历教育和多层次、多形式、广覆盖、经常性、制度化教育、培训需求，搭建人才培养、人员培训、科技研究、技术服务为一体的教育、培训平台。牡丹学院立足菏泽，面向山东，走向全国，力争通过"十三五""十四五"规划建设，成为全国独具特色的学院。

2. 运行机制

牡丹学院隶属于菏泽市人民政府，总部设在菏泽学院，由菏泽学院、菏泽市直有关部门、牡丹区人民政府、有关省内外专家、遴选的优秀企业负责人成立理事会，实行理事会领导下的校长负责制；学院实行政府主导，市场引导，校地共建，资源共享，相对独立运行。

3. 建设规划

第一步，借助菏泽学院办学场所和各方优势，成立牡丹学院，在此基础上，申报菏泽市牡丹工程技术中心；第二步，建成山东省牡丹工程技术中心；第三步，通过政府和学院共同努力，最终建成国家级牡丹系列检测中心，实现建成国家级牡丹工程技术中心的目标。牡丹学院、牡丹工程技术中心互相依托、互相支撑，以牡丹学院为基础申报牡丹工程中心，以牡丹工程技术中心为支撑实现牡丹学院的发展壮大。

四、工作思路与职责任务

1. 工作思路

以培养牡丹专门人才为核心，以做大做强牡丹产业、延长牡丹产业链条和提升牡丹价值为目标，以政府、高校、企业合作，整合菏泽市资源为切入点，走高端、优质、高效牡丹产业发展之路。科学制定人才培养方案，旨在培养牡丹专门人才，本科前三年全部学习牡丹方面相关知识，大四分方向培养，专科前两年学习牡丹方面相关知识，大三分方向培养。争取尽快把牡丹学院打造成全国具有高知名度和影响力的特色品牌学院。

2. 职责任务

（1）开展牡丹人才学历教育。面向菏泽市、山东省、全国招收 4 年制全日制本科生和 3 年制专科生，培养牡丹高层次专门人才。

（2）开展牡丹技术人员培训。围绕牡丹各产业链条如新品种繁育、育苗、标准化栽培技术、牡丹深加工技术、牡丹医药产品开发、保健品开发等开展长、中、短期培训。

（3）开展牡丹技能人员资格考核评定。面向菏泽市、山东省、全国开展牡丹技能人员资格考核评定，视评定的不同级别制定不同的评定标准。

（4）承担国家、山东省、荷泽市项目培训任务。积极承担国家、山东省、荷泽市牡丹培训任务，保质保量完成培训项目。

（5）开展课题申报和研究工作。围绕观赏牡丹和油用牡丹开展课题申报，积极争取国家、山东省、荷泽市各级课题项目，通过课题研究，提升牡丹科技含量，延伸牡丹产业链。

（6）建设牡丹创新团队。加强师资队伍建设，发挥牡丹学院特色优势，积极申报山东省牡丹创新团队，建设过硬的师资队伍，促进人才培养质量的提高，推动科研创新向纵深发展。

五、共建牡丹学院的举措

1. 成立牡丹学院建设工作领导小组

领导小组由菏泽学院和牡丹区政府、荷泽市直有关部门、国内外专家等联合成立，具体负责牡丹学院建设的论证、规划以及建设方案的制订等工作。

2. 建设牡丹学院培训场所

建立一处集教育、培训、管理、认定、职业技能鉴定为一体的高水平牡丹技术教育、培训场所。主要建设多媒体室、声像制作中心、牡丹技术网络服务中心、牡丹工程中心、牡丹专家视频答疑中心及配套设备、服务设施。

3. 建成国家最具特色的牡丹学院和最高层次的牡丹工程中心

在菏泽学院以北规划 700 亩，用 5～10 年时间建成国家最具特色的牡丹学院和最高层次的牡丹工程中心。吸引相关高校的研究生、博士生到菏泽国家牡丹工程技术中心进行学习和科学实验研究，形成牡丹研发的智慧库和科技孵化基地、人才培养基地、科技示范基地。

4. 尽快打造牡丹人才高地

人才整合、引进、培养相结合，要千方百计引进国内外牡丹方面的高端人才，以人才支撑促进牡丹学院超常规、跨越式发展。菏泽学院将加强对外交流与合作，从日本、美国等发达国家引进牡丹研究造诣高的知名专家。

5. 建设牡丹专业群

（1）推进高水平应用型牡丹栽培应用专业群建设。菏泽学院牡丹栽培应用专业群，以园艺、园林、生物工程、食品科学与工程等专业建设为着力点，依托菏泽市牡丹优势产业，持续完善牡丹应用的教学内容和教学体系。以培养"厚基础、宽口径、强能力、高素质、广适应"的新型牡丹栽培应用型人才为目标，在课堂教学体系、实践教学体系、考试制度、配套设施建设、应用性能力建设等方面进行创新探索和改革研究，形成较为完善的教学体系和实践体系。针对菏泽牡丹、鸡皮山药、芦笋等特色产品，构建以岗位能力为核心的课程体系，坚持问题导向、效果导向、应用性导向、新质生产力导向，以牡丹繁殖育种、绿色栽培、间作套种、高端产品研发等应用过程的典型工作任务为导向开发课程；依托曹州牡丹园、中国牡丹园、牡丹省级农业高新技术产业开发区、尧舜牡丹产业园、菏泽市林果科技示范园、龙池牡丹实业有限公司、菏泽瑞璞牡丹产业科技发展有限公司、天宝牡丹生物科技有限公司、菏泽丹养元生物科技有限公司等校内外实训基地，打造一支工艺精通、技术熟练、指导到位、推广有力、"会教能做、会做能教"、专兼结合的教学团队，加强"双师双能型"师资队伍建设；建成集牡丹栽培应用于一体的全国牡丹种质资源中心、国内外贸易中心、科研中心、加工中心。采用自建与引进相结合，按照企业实际生产流程，购置先进仪器、设备，建设牡丹种苗组培苗工厂化生产温室、牡丹嫁接苗工厂化生产温室、工厂化催花牡丹温室、大田牡丹观赏园区、油用牡丹丰产园、油用牡丹加工基地等生产性实训基地，满足学生牡丹栽培、加工、销售等应用过程的综合实训；扩建园艺植物栽培、园艺植物育种等实训室，新建牡丹组织培养实训室、油用牡丹加工实训室，满足学生对牡丹产业生产各个环节的实训；深化校企合作，产教融合，建设校企深度融合的校外实训基地平台，创新学生顶岗实习管理模式。通过专业建设，为菏泽培养从事牡丹种苗生产、牡丹栽培应用、牡丹精深加工技术的高素质技能型人才，使牡丹栽培、加工应用专业群在山东牡丹产业发展中起到示范引领作用。突出强化菏泽学院地处牡丹之都的学校特色，促进人才培养与产业优化升级、经济转型发展紧密对接，推动牡丹特色专业向高水平应用学科方向发展。适应现代农业、先进制造业、战略性新兴产业、现代服务业等经济社会发展需求，形成特色鲜明、优势突出的专业群，以专业群服务产业群，为山东省经济社会发展提供更加有力的人才和技术支撑。

（2）加强课程体系与教学内容建设。构建完善的课程体系，创建以培养牡丹栽培、牡丹加工应用各个环节岗位能力为核心的课程体系。针对观赏牡丹、油用牡丹、牡丹种苗生产、牡丹栽培和应用、牡丹产品加工等企业的基地建设、种苗生产和质量检测岗位，构建以岗位能力为核心的课程体系，以牡丹栽培应用过程的典型工作任务为导向开发课程。确定牡丹栽培应用专业毕业生所从事的职业岗位群有两大方向：牡丹种苗生产技术人员、牡丹观赏及油用牡丹基地管理人员，以职业生涯发展过程中的典型工作任务确定专业课程，构建工作过程系统化的课程体系；与行业企业实践专家共同开展课程整体设计，开发教学内容，制定课程标准，开展场景教学；营造职场化的教学情境，探索教学方法和手段的改革，实现"教、学、做"一体化，推进省级及以上精品课程建设。

根据职业岗位的能力要求，确定学生所应具备的专业能力和社会能力。通过对菏泽观赏、油用牡丹相关工作任务的分析，归纳出牡丹栽培应用岗位能力。依据专业岗位能力要求，改革原有"植物生理学""花卉学"等课程，增设"牡丹栽培应用""牡丹欣赏"等核心课程，按照牡丹产业流程整合教学内容，突出生产环节的产业性、有序性和完整性。从岗位能力分析与课程体系建设角度出发，构建优质核心课程建设方案。

（3）加强数字化教学资源建设。数字化教学资源能够突破时空限制，方便快捷地发布、获取，还能够及时补充、更新，既便于管理，又有利于数字化赋能，为实现优质教学资源的建设提供良好的条件。将现有的教学资源进行数字化改造，即对现有的传统教学资源进行移植嫁接改造，用新的数字化、信息化形式进行展现。自主开发创作牡丹生产各环节优质课件，选取教师和学生创作的优秀电子作品和教案课件，发布至网络平台，供其他同学学习。购置成熟的商业资源库，丰富网络教学资源。全方位获取各种媒体及网络开放性的公共教学资源。引进先进教材，加强新教材建设。

（4）建设"双师双能型"师资队伍。采取国内外培训、学术交流、企业挂职锻炼等措施，提高专业带头人科研及职业教育理论水平，使其在专业建设、校企合作、基地建设等方面成为教学团队中的领军人物、骨干力量。通过在企业挂职、担任访问学者前往国外进修、作为科技特派员服务"三农"等多种途径提高专业教师的教学水平和职业教育能力，聘用行业企业一线实践专家作为兼职教师，使"双师双能型"教师达到 90％，专兼职教师达到 50％，形成"双素质、双结构、双能力"专业教学团队。

作为专业教学团队的重要组成部分，专业骨干教师的培养主要采用国内外学习培训、参与高职高专研讨会、参与国内食品行业研讨会、到企业生产一线实践等措施，使骨干教师能够承担工学结合课程开发，提升技术服务能力。强化"双师双能型"教师引进与培养，通过选派教师到企业进行实践锻炼及技术交流等措施，使其均具有半年以上在企业工作经历，丰富教师实践经验、提高实践教学能力，"双师双能型"教师占比达到专任教师总数的 80％。校企合作联合制订兼职教师聘用计划、教学质量管理制度，同时建立兼职教师师资库，以利于协调兼职人员聘任及管理，保证教学质量。依托菏泽曹州牡丹园、中国牡丹园、菏泽市国花牡丹研究所、菏泽瑞璞牡丹产业科技发展有限公司、尧舜牡丹产业园、龙池牡丹实业有限公司、天宝牡丹生物科技有限公司、菏泽丹养元生物科技有限公司等合作企业，聘请经验丰富的工程师、技术能手充实专业教学团队，完善教师队伍结构，提高师资队伍水平。围绕承担牡丹栽培应用顶岗实习课程的指导工作，打造良好的"变现场为课堂，拜技师为老师"的"教与学"氛围。

（5）加强实践教学条件建设。强化校内实训条件建设。利用 5 年时间，扩建牡丹工程技术中心、园艺植物育种、园艺植物栽培、分子生物学、组织培养等校内实训室，实现设备的更新、完善。增加实习实训项目，提高学生技能。新建牡丹组培苗工厂化生产温室、牡丹种质资源圃、牡丹花期调控实训室、油用牡丹标准化实训基地，用于牡丹栽培应用实训及内涵建设。

新建设施园艺实训室，利用菏泽丰富的牡丹资源，购置设备建成牡丹设施园艺实训室，建成后的实训室能完成多种牡丹栽培应用实验实训任务，提高牡丹原料的利用率，锻炼学生的牡丹栽培应用技能，培养成本意识和创新意识。

（6）建立校内牡丹文创基地。充分利用校内物理空间，建设校内牡丹园，建立校内牡丹文创基地。加强校企合作，加强与青岛大学校友企业家联盟的合作，共建牡丹文创基地。以创新创业项目为抓手，一方面成立产品研发部，加强牡丹文化创意产品开发设计，丰富牡丹文创产品，让师生参与到牡丹文创产品设计、研发上来，使牡丹文创产品贴近生活、贴近大众，凸显地方特色，延长牡丹文创产品产业链，提升文创产品附加值，进一步拓展牡丹文创市场。加强人工智能技术运用。加强牡丹文创产品宣传，运用融媒体、大数据、人工智能等先进技术，实现传播手段现代化，更好地服务区域经济社会发展，服务文化产品产业化发展。建设牡丹文创产品展室，开展大学生牡丹文创产品设计开发大赛，激励学生参与到创新创业中来，充分发挥学生的聪明才智，筛选优秀的文化创意作品，通过赛选评奖和计入学分，激发学生创新创业的热情，让更多学生参与到双创训练和双创实践中来。深化校企合作互动，立足产业化发展需求，立足产品创新设计开发，立足融入牡丹元素，发挥高校团队和人才优势，建立跨学科、跨领域的创新团队，建立专家、技术人员、基地、企业相互衔接的体制机制，建立市场、立项、成果、市场两头向外的创新模式，培养学生的创新创业意识，提升创新创业本领，提高学生的创新实践能力，提高毕业生就业竞争力。

（7）加强校外实训基地建设。继续与菏泽曹州牡丹园、中国牡丹园、菏泽市国花牡丹研究所、菏泽瑞璞牡丹产业生物科技发展有限公司等多家企业深化校企合作关系，确保专业人才培养拥有稳定的实习实训基地。顶岗实习，主要培养学生的社会能力、方法能力、专业能力。在实习期间，校企合作，共同制订《学生校外实训管理办法》《校外实训指导教师管理办法》《学生顶岗实习成绩考核办法》。双方签订学生顶岗实习管理协议，学生以员工的身份接受企业的管理，由企业技术人员承担生产过程的全程指导，负责学生的出勤、工作态度、工作任务完成情况的考核，解决学生在工作岗位中遇到的问题。学校指导教师采用驻厂或巡厂方式进行管理，与企业人员共同指导学生制订工作计划、填写工作日志、撰写实习总结。实习成绩合格者由企业颁发实践经历证书。

（8）增强社会服务能力。充分利用现有师资、实训基地等资源，充分发挥专业的区域优势、教学资源优势和产学合作优势，以牡丹工程中心建设为平台，以牡丹栽培应用人才培养为核心，加强与行业、企业的合作，开展应用研究、技术开发、产品研发、社会培训、技能鉴定、分析检测等社会服务工作。为菏泽市及周边地区的牡丹栽培应用产业链企业提供先进的土壤检验设备和相关技术；为菏泽市周边的农民进行果树、蔬菜、花卉等土壤检测；为相关企业提供先进技术支持，不断研发新产品并在企业中推广；开展企业技术人员培训；协助菏泽再就业指导中心对下岗职工再就业及农村富余劳动力进行技能培训。以牡丹产业社会服务能力建设为突破口，带动牡丹观光旅游、油用牡丹生产、牡丹反季节盆花技术应用和园艺、园林、设施农业科学与工程等专业的建设与发展，实现教学资源共用共享。

6. 设立扶持牡丹学院发展专项经费

建立牡丹学院，推动牡丹产业化发展，利在当今，惠泽后世，政府责无旁贷。建议把建设所需经费、培训经费纳入地方财政预算，设立扶持牡丹学院发展专项经费，用于人才培养、技能培训、师资培养、技术创新、基地建设等。

7. 加大对牡丹学院的政策扶持力度

牡丹学院扎根于菏泽，服务于菏泽。建议市委、市政府出台相应政策，加大对牡丹学院的政策支持，优先安排财政扶持项目，促进牡丹学院又好又快发展。

第十二节　优化牡丹人才培养服务乡村振兴

发展牡丹产业化人才是关键，以牡丹人才支撑牡丹产业发展既具有重大的现实意义，又具有重大的实践价值。党的二十大报告中强调，全面推进乡村振兴，加快建设农业强国，坚持教育优先发展，培养造就大批德才兼备高素质人才。习近平总书记于 2019 年 9 月 5 日给全国涉农高校书记、校长和专家代表回信中提出，"中国现代化离不开农业农村现代化，农业农村现代化关键在科技、在人才"。同时寄语涉农高校"立德树人、强农兴农"，为乡村振兴全面培养更多"知农爱农"复合型人才；中央相继出台了《关于加快推进乡村人才振兴的意见》《关于加快新农科建设推进高等农林教育创新发展的意见》《关于深化现代职业教育体系建设改革的意见》等重要文件，为加快培育现代农业高素质创新型、技术型和复合型人才，切实提升乡村振兴人才的质量指明了创新方向、提供了内生动力。

一、高校培养乡村振兴战略人才的现实要求

面对世界百年未有之大变局、中华民族伟大复兴的战略全局，全面推进乡村振兴战略，加速推进由农业大国向农业强国迈进，需要拥有深厚家国情怀的涉农人才，高校尤其是涉农高校要主动适应国家、社会和"三农"发展需要，以培养乡村振兴战略新农科人才作为核心使命。

（一）乡村振兴战略人才培养是一项重大的战略性任务

培养高素质涉农人才是实施乡村振兴最活跃的源头活水，是推动乡村振兴战略的刚性需求。经济发达地区和大都市对涉农人才产生"虹吸"效应，绝大部分涉农毕业生首选在经济发达地区和大都市就业、创业和发展。因此，涉农高校面对不可回避的现实背景，担负培养拥有深厚家国情怀和"三农"情感的乡村振兴人才重任，深入剖析涉农专业建设和人才培养过程中的困境和机遇，研究破解对策和建议，既具有重要的现实意义，又具有深远的历史意义。

（二）乡村振兴战略人才培养是涉农高校的永恒主题

党的二十大报告提出全面推进乡村振兴，这需要一大批促进现代农业农村高质量发展的高素质创新型、技术型和复合型人才。涉农高校适应新时代发展要求，面向新农业、新农村、新技术、新模式、新业态，以现代农业技术复合型人才培养为目标，在人才教育培养中有机融入乡村振兴的要素需求，切实担负起农业的科学研究、科研成果传播和实用技术推广的社会责任，承载起中华优秀传统文化、农耕及非遗文化传承的重任，切实解决乡村振兴人力资源短缺的问题，为现代农业高质量发展持续提供人才支撑。

（三）乡村振兴战略呼唤高素质创新型、技术型和复合型人才

人力资源是推动乡村振兴战略的新引擎，创新型、技术型和复合型人才是推进乡村振兴战略的加速器，是实现中国式现代化的关键。步入乡村振兴新阶段，我国的农业产业得到快速变革和发展，人们消费需求升级，驱使农业向高度数字化、个性化、生态化和品质化等方向发展，涉农人才已不局限于过去传统农业仅掌握农林技术的专门人才，乡村振兴只有拥有大批有服务乡村的理想信念、精农技知识、熟农村民俗、善经营治理的高素质复合型人才，才能建立现代乡村产业体系，打造现代农业全产业链，实现全面推进乡村振兴和共同富裕的目标。

（四）人才培养改革是涉农院校创新发展的战略性举措

培养能满足乡村振兴发展需要的高素质"一专多能"复合型人才，推动涉农人才培养改革，是涉农院校在新时代创新发展的战略举措，事关涉农高校教育能否适应我国现代化农业的重大转型升级和快速发展，破解人们对农业农村认知误区，提升涉农高校在高等教育体系中的认同度。近年来，国家为涉农高校如何强农兴农，新农科教育高质量发展做了顶层设计。在中共教育部党组的领导下，完成了由《安吉共识》勾画高等农林教育改革方案与措施，到"北大仓行动"部署快速发展新农科的"八大行动"新途径，再到"北京指南"共同构建新农科第三部曲建设举措，为面向乡村振兴战略发展需要，掀起了新农科"质量革命"。涉农高校抢抓人才培养改革内生动力机遇，坚持以新质生产力为导向，以培养创新型人才为导向，整合、改造和升级涉农传统专业，优化教学资源，探索以生为本、技能为重、产教融合、守正创新等教学改革，构建同区域产业经济结构相匹配、同乡村振兴人才需求相适应的涉农高等教育模式。

二、涉农高校助推乡村振兴人才培养的现实挑战

涉农高校人才培养是乡村人才振兴的基础和枢纽，乡村振兴人才培养质量高低是检验涉农高校新农科建设质量的标准。总体来看，涉农高校在助推乡村人才振兴层面已经做出了重要贡献，乡村振兴人才总体规模不断扩大，涉农专业整合、改造和升级显著增强，服务乡村振兴能力持续攀升。为全面了解涉农高校乡村振兴人才培养路径，相关研究课题组在安徽、江苏和山东三省进行了问卷调查和访谈，调研对象为三省的 16 所涉农高校在校大学生和已毕业从事"三农"工作历届毕业生，共计 4 700 余人。通过文献检索、问卷分析和访谈整理，发现涉农高校助推乡村振兴人才培养面临以下现实挑战。

（一）涉农高校在高等教育体系中地位亟待提升

从表 1-2 发现，2019—2022 年四所"双一流"涉农高校的招生生源质量

排名落后于学校综合实力排名。可见优质生源的流失影响了涉农高校学科的建设和发展，也妨碍了优秀乡村振兴人才培养，相应影响了涉农高校的社会声誉和学科评估，甚至导致优秀师资队伍流失和学科实力的减弱，进而危及涉农高校涉农专业的生存发展，阻碍现代农业建设步伐。

表 1-2　四所涉农高校 2019—2022 年软科综合排名与生源质量排名

涉农高校	2019 年		2020 年		2021 年		2022 年	
	综合排名	生源排名	综合排名	生源排名	综合排名	生源排名	综合排名	生源排名
中国农业大学	42	59	30	54	30	68	29	61
西北农林科技大学	81	103	68	116	76	97	74	119
华中农业大学	67	100	39	87	42	96	42	110
南京农业大学	69	104	47	92	52	94	49	118

（二）涉农专业认同度亟待加强

由图 1-1 发现，涉农专业学生对专业认同情况和就业前景"满意"的分别仅占 9.21%、7.35%，不满意和特不满意占比之和分别高达 37.05%、38.56%，说明该部分学生学农并非出自自己内心的意愿，而是高考分数不高，或高考调剂到涉农专业，存在厌农情绪和学习动力不足现象，毕业时想方设法脱离"三农"奔向经济发达城市，这一情况打破了服务乡村振兴涉农人才的供需平衡，妨碍了乡村振兴战略实施。

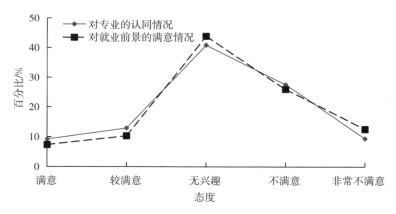

图 1-1　学生对专业的认同和就业前景的满意情况

由图 1-2 可知，对学生对涉农专业认同情况影响较大的因素有"三农"情怀、经济收入和发展空间，占比分别是 79.93%、74.01%和 66.12%；其次是城乡差异和工作环境，占比分别是 59.2%和 57.03%。可能是改革开放以来，城镇化和工业化获得优先和高速发展，产生"虹吸效应"，导致城乡融合发展不够，农村社会发展不平衡不充分和农村工作条件艰苦等现象，使涉农学生扎根农村面临工资待遇偏低、生活质量不高和发展空间受限等困惑，导致人们对"三农"情怀的独特价值湮没流失；另外，对学生对专业认同情况影响较小的社会偏见和其他因素也不容忽视。由于人们存在对高校涉农毕业生回乡就业创业就没出息甚至低人一等的社会偏见，导致一些家长不愿自己的子女学农，造成学生在升学志愿填报时回避涉农专业。所以，要提高大众对涉农专业的认同度，亟待加强"三农"情怀教育。

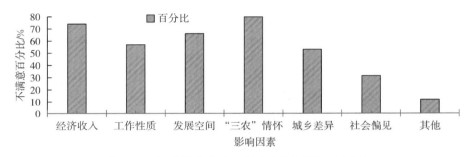

图 1-2 涉农毕业生对工作不满意的原因（多选）

（三）专业建设有待加强、整合和升级

促进乡村振兴必须走现代农业发展之路。我国农业已迈进以互联网、区块链和智能装备为特征的 4.0 时代，打造大数据、智能化和生物技术等农业产业，促进农业从生产、加工到服务等全产业链一体化发展，催生了精准农业、乡村电商、康养和农业综合体等新产业、新业态，不仅要求传统涉农的职业岗位知识和技能升级，而且产生了一些新的岗位。目前涉农高校偏少，招生规模持续缩减，严重妨碍了乡村振兴战略的步伐。造成这一现象的原因有如下几点。一是涉农高校及专业学生占比不足。据统计，21 世纪以来，全国普通在校涉农专业大学生数在在校生总数中的占比不足 5%，研究生占比不足 2%，成教涉农在校生占比不足 0.5%，与发达国家的高等农科教育存在显著差距。近年来，各院校为乡村振兴人才培养，加大了新农科建设力度，对涉农专业进行调整、整合和升级，但农业人才供给仍满足不了乡村振兴战略需求。截至2022 年，江苏省 167 所高校，仅 10 所左右高校的涉农专业招生；山东省 155所高校开设涉农专业的有 39 所，但在校生数量仍不足，占比仅 1.43%；安徽省农学类专业本科招生计划占比仅 2%、高职占比 1.1%；广西壮族自治区 36所本科院校，涉农院校仅 7 所，45 所涉农高校中开设农业类专业的不足 25所。二是专业布局不合理。专业改造和升级相对滞后于现代农业新产业、新技术和新业态的发展，更缺少与区域资源禀赋和特色产业的深度对接，乡村振兴战略人才培养与需求错位。缺乏与野生动植物资源保护和利用、休闲农业、森

林生态旅游等新产业、新技术、新经济形态相对接而设置的新型特色专业，妨碍了农业人才链与产业链对接。如 2022 年版高职专科专业目录中农林牧渔大类共有 48 个专业，安徽省涉农高校仅设置 19 个专业，高达 58.33％的空白率。三是专业改造不足，很难满足现代农业发展需要。大多涉农院校专业布局忽视区域特色产业与乡村发展趋势，优势学科仍集中在农业种植、养殖与农产品加工等传统农林牧渔类固有专业，仍未破除原有专业壁垒，农业技术与区块链、大数据、人工智能和分子生物学等技术交叉融合改造、新兴专业升级缓慢。

（四）人才培养有待完善

涉农高校教育人才供给与乡村振兴战略人才需求不匹配，难以实现爱农业、懂技术、善经营的高素质技术型、技能型、复合型乡村振兴人才的培养目标。可能是我国现有涉农高校教育尚未完全脱离以生产分工设置专业的教学桎梏，人才培养模式仍然沿袭传统的教育模式，过分追求理论教学，但对技能型、交叉型、创新型和复合型人才的培养异化成"沙盘作战""看板指挥"的仿真实训，严重脱离生产实际。外加"00"后大学生不愿意在田间地头从事实景观察操作实训，导致涉农高校教育人才供给与乡村振兴现实人才需求错位。从协同育人角度看，政府、高校、企业和行业之间协同育人效果发挥不明显。产教融合不稳，校内外教学实践基地建设滞后，学生缺少直接参与农业行业企业生产一线和创新创业设计锻炼，导致涉农专业教学与现代农业生产实际脱节，学生发现问题、解决问题和创新的能力等培养不足，严重束缚了涉农高校对乡村振兴战略的高素质技能复合型人才培养。随着农业农村现代化发展以及数字技术的广泛应用，农业行业、企业对涉农高校的人才培养提出了更高要求，而涉农高校在"三教"改革等方面尚存在一定差距；大多涉农高校教师都从学校到学校，没有农业龙头企业工作经验、不下田间地头，导致教师技能素养不足，很难在教学中完成对学生动手能力的培养；部分教师以学生为中心的理念落实不充分，教学过程中忽视了学情、师生互动、思维能力启发和灵活多样的教学方法，教学效果与学生诉求有差距。教法方面，存在太过注重理论知识，对学生的创新思维和技能培养重视不够的问题；面对互联网的普及，大多涉农高校展开了从"项目式学习"到"问题导向""素养引领""成果产出"等的教育理念的系列教学改革，但教学改革步伐缓慢、针对性不强、措施不力、效果不佳。教材方面，部分新农科教材对中国传统文化的思政教育元素挖掘不充分，内容更新相对滞后，农业产业结构调整与农业产业新技能脱节。此外，教材的高质量数字资源偏少，不利于高校学生自主和深度学习。所以，涉农高校的人才培养改革已成为当务之急（图 1-3）。

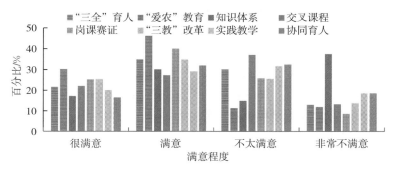

图 1-3　涉农学生对人才培养质量评价

三、基于乡村振兴人才培养的优化路径

涉农高校教育在乡村振兴战略人才培养过程中亟待解决好"三农"情怀教育、专业结构、育人方式与乡村振兴战略人才需求不匹配等现实困境，必须构建"大思政"育人格局，厚植"大国三农"情怀内核；优化专业结构，布局交叉融合新农科；重塑乡村振兴高素质技术技能型复合人才培养模式，破解涉农高校人才供给与乡村振兴人才需求错位问题。

（一）构建"大思政"育人格局，厚植"大国三农"情怀内核

农业农村现代化靠科技、靠人才，保障国家"三农"事业后继有人，要求涉农高校的核心任务是构建"大思政"育人格局，厚植"大国三农"情怀内核。首先，构建"大思政"的人才培养体系。涉农高校结合乡村振兴战略，将"大国三农"领域的亮点挖掘提炼成思政教育元素，有机融入到涉农人才培养方案中，制定涉农课程思政建设标准，将乡村振兴、社会服务和耕读教育纳入涉农专业人才培养全过程，完善"知识传播、技能培养和'三农'价值塑造"三维一体的综合评价标准，形成"大思政"的人才培养体系。其次，培养涉农学子"大国三农"情怀。围绕中华五千年农耕文明、农业科技发展史、乡土优秀文化传承等方面，深度深挖凝练涉农专业课程所蕴含的思政教育元素，坚定"四个自信"，提振学生事农信心。最后，厚植涉农职业素养。依据专业特征，结合区域经济、文化和产业等要素，组织学生走进乡村开展社会实践活动，调查了解当地农村产业结构调整转型、农民收入、农业优秀文化传承、农业科技普及与服务等现状，将专业学习与乡村振兴战略相结合，与现代高效农业发展相结合，搭建理论和实践的纽带，让学生身临其境地体会到涉农专业在乡村大有用武之地。

（二）优化专业结构，布局交叉融合新农科

专业结构是涉农高校教育发展的立根之基和存续之源。党的二十大报告提出要以立德树人为根本，加强和促进新兴和交叉专业建设，着力打造高质量教育体系。这为涉农高校教育打破传统涉农类专业所特有的农学属性和学科壁垒，对现有专业整合、改造和提升，建设一批适应当地产业经济发展需要的新兴交叉涉农专业提供了顶层设计依据。一是面向中国式农业现代化布局新专业。瞄准现代农业新业态、新技术、新产业和乡村振兴战略，面向现代农业产业链、人才链、生态链和健康链的变革，着眼乡村产业发展需求痛点，极力满足山水林田一体化治理和一二三产业融合的多功能农业的新要求，积极布局人工智能、生物医学康养、绿色低碳、文化遗产等"涉农＋"新兴专业，创新培养乡村振兴急需的技术技能型复合人才，为实现中国式农业现代化提供人才支撑。二要人才培养主动对接当地乡村和行业、产业发展需求。以培养扎根乡村、服务"三农"的人才为导向，精准定位专业，制定专业发展规划，实施涉农人才供给侧结构性常态化调整，优化布局涉农专业结构，"链"出农业新业态，"链"出新质生产力，促进区域经济高质量发展。三是积极发展新农科。涉农高校教育主动将农、理、工、医、文、经等知识和技能有机融入到课程资源和下一轮涉农专业人才培养方案中，形成多学科知识融合、多技能交叉耦合、多领域相互渗透的新农科。

（三）重塑乡村振兴高素质复合型人才培养新模式，提升乡村振兴人才培养质量

涉农高校面对乡村振兴背景下人才培养的新视域、新方向和新诉求，必须树立人才教育培养新理念；深化产教融合，实施多主体育人；加强"三教"改革等举措，提升乡村振兴人才培养质量。

（四）树立人才教育培养新理念

当前，涉农高校教育没有很好对接区域农业经济新形态、新产业、新技术，缺乏与涉农产业链、价值链的耦合，主要原因是人才教育培养理念相对滞后，主要表现在教育理念与当前和未来乡村振兴人才需求不相适应。以学生为中心、耕读教育、因材施教和产教融合等理念还没有完全融入教育教学全过程，多学科交叉渗透、"岗课赛证"融合等理念还需强化，还未真正实施"依农时教学""农学交替""师徒制"教学模式。新时代农科要以国家重大战略和区域地方经济社会发展为重要使命，积极面向新农业、新乡村、新农民和新生态引领农业发展，树立教育教学新理念，构建形成"思政教育＋课程思政＋社会实践"的育人大格局，加强实施"知农爱农"人才培养模式，培养适应乡村振兴需要的创新型、复合型人才。

（五）深化产教融合，实施多主体育人培养改革

涉农高校教育的"单向育人"培养模式难以对接地方特色产业，促进区域现代化农业发展，培养适应乡村振兴所需的人才。因此，涉农高校教育要以农业供给侧结构调整为导向，积极推进"学校、政府、科研院所、行业、地方和企业"多主体协同融合育人模式，以"资源互补、文化融合、产学研结合"为依托，共建涉农专业实习实训基地、科技孵化园、创新创业中心等，构建"基础知识传输＋岗位技术能力培养＋复合职业素养养成＋价值塑造"的人才培养路径，探索"真实岗"教学内容与理实一体、"多循环"涉农交替与能力"螺旋"递进培养方式，实现涉农高校教育培养乡村振兴人才供需有效耦合，为涉农专业整合改造升级和科学研究提供空间，进而破除涉农高校培养乡村振兴人才瓶颈。

（六）深化"三教"改革

教师是教育的首要资源，是教育内涵式发展和人才培养提质培优最关键要素。首先，要培养涉农教师不仅拥有高尚的师德、扎实的农业理论知识、精湛的专业实践动手技能，还要爱农村、爱农民和积极投身可培养德技兼修的乡村振兴人才和涉农领域的能人巧匠的教育工作中。其次，要注重提升教师的信息化素养。利用信息化技术，熟练开展混合式教学，利用大数据掌握学生学习动态，评价学生学习行为，研判学生综合素养，开展因材施教。最后，教师要坚守"终身学习"理念。养成深度学习习惯，持续更新业务知识和技能，持续提升教育教学水平；抛弃课堂老师"一言堂"的教学形式，实行启发式教学法、陪伴式教学法、小组讨论法、翻转课堂法、活动教学法和混合式教学法等，提高学生学习的参与度，调动学生的主动性；实施线上线下相结合的混合式教学，拓展学生学习和师生互动的时空；加强课程教材建设。涉农教材建设必须实现教材内容契合现代农业行业产业发展趋势，以培养具备乡村振兴所需求的基本素养、多元化知识和职业岗位能力的人才；既要注重农业行业产业发展的新知识、新技术、新工艺和新方法等"技"方面知识，也要注重"民族自信""三农情怀""社会担当"等"德"方面内容，具有"德技并修"特征。加大特色教材建设力度。聚集有关科研院所、高校、企业等各方力量，合作开发形式活泼、内容丰富的活页式、工作手册式、"纸质＋信息化资源"立体化教材，满足师生不同时空使用教材资源。

总之，乡村振兴人才培养是涉农高校和涉农专业的重要内容，乡村振兴急需大批知农爱农新型人才。必须坚持问题导向、目标导向、效果导向，只有构建"大思政"育人格局、优化专业结构、重塑乡村振兴高素质复合型人才培养模式，才能培养出顺应乡村振兴战略发展需求的人才。

第二章　牡丹产业化发展

第一节　牡丹产业政策支持

　　从国家层面讲，国家大力支持油用牡丹产业发展，2014 年国务院办公厅印发了《关于加快木本油料产业发展的意见》（国办发〔2014〕68 号），对总体要求、主要任务、保障措施提出具体要求。明确提出要组织开展核桃、油用牡丹等木本油料树种资源普查工作。加强木本油料生产基地建设，推进木本油料产业化经营，健全木本油料市场体系，加强市场监管和消费引导，完善多元投入机制，加大金融扶持力度，支持科技研发和推广，建立国家示范基地。

　　国家林业局印发了《全国花卉产业发展规划（2011—2020 年）》的通知（林规发〔2013〕19 号），要求高度重视并加快推进花卉产业发展，积极争取发展改革、财政、科技、农业、质检、海关、金融等政策支持，努力实现规划目标，为花卉产业发展创造良好环境。加强管理，积极服务产业发展。加强新品种研发培育，加快信息化进程，加大对花卉龙头企业和中小企业的信贷支持，大力发展花农经济组织。

　　从省级层面，2018 年 9 月 6 日，山东省委、省政府印发了《关于突破菏泽 鲁西崛起的若干意见》，提出要加快转型升级，培育现代特色产业集群。支持菏泽立足资源禀赋和产业基础，以"四新"促"四化"，促进产业高端化、规模化、特色化发展。支持菏泽生物医药产业、高端装备产业、新能源新材料产业、文化旅游创业产业、电子商务产业、牡丹特色产业等加快发展。针对牡丹特色产业发展，要求依托院士工作站，发挥院士工作站技术指导作用，进一步加强国家牡丹种质资源菏泽库建设，加快油用牡丹基地建设，坚持绿色化、低碳化、高效化发展。支持设立牡丹产业发展基金。建设中国牡丹博物馆，举办国际牡丹文化旅游节、世界牡丹大会和世界国花博览会，打响"中国牡丹城"品牌，支持郓城、巨野联合打造国家级循环经济产业园。2016 年 4 月河南省发布《河南省人民政府办公厅关于加快木本油料产业发展的实施意见》（豫政办〔2016〕54 号）。甘肃省出台了油用牡丹产业发展规划（2013—2020

年）》，对良种种苗繁育基地建设、加工企业建设基础设施建设、支持体系建设、效益分析、保障措施等提出要求。

从市级层面看，2018 年 11 月 3 日，菏泽市人民政府印发了《菏泽市人民政府关于印发菏泽市牡丹产业发展总体规划（2018—2022 年）的通知》（菏政发〔2018〕33 号），科学分析了发展现状，提出了指导思想、基本原则、发展目标、阶段任务、发展重点、保障措施，加快推进牡丹产业标准体系建设、牡丹加工产业集群建设、牡丹文化旅游集群建设、牡丹国际商品大市场建设、牡丹大数据中心建设、牡丹产业孵化平台建设、中国牡丹国际博览中心和牡丹国花馆建设、牡丹科技人才培训基地建设、牡丹品牌工程建设等，由菏泽学院牵头，龙头企业参与，联合国内外知名大学与科研院所，组建中国牡丹应用技术研究院，承担牡丹应用价值挖掘、新品种繁育与评定、栽培技术研究与指导、新产品开发与指导、标准制定、质量评定、国际合作、知识普及、各类研究站和工作站托管等职能。力争将牡丹应用技术研究院建设成为我国最具权威的牡丹应用技术研究机构。

第二节　促进菏泽市牡丹产业高质量发展

为全面落实市委、市政府《关于推动牡丹产业高质量发展的二十条措施》（菏发〔2022〕14 号）文件精神，加快推动菏泽牡丹可持续高质量发展，进一步提升"中国牡丹之都"知名度、美誉度和影响力，特制定本行动计划，以政策支持促进牡丹产业高质量发展，进一步做大做强做精牡丹产业，以牡丹产业高质量发展助推乡村振兴。

一、总体要求

（一）指导思想

以习近平新时代中国特色社会主义思想为指导，深入学习贯彻党的二十大精神。坚持大众化、市场化、产业化、人文化、国际化"五化并举"，按照"依托牡丹、延伸牡丹、超越牡丹"发展思路，促进牡丹种植、牡丹加工、牡丹商贸、牡丹文旅有机融合，开拓牡丹发展新领域，培育牡丹发展新动能，打造牡丹发展新高地，努力把菏泽建成风景优美的牡丹花园城、独具魅力的牡丹文化城、融合发展的牡丹产业城、引领风尚的牡丹文明城，推动菏泽牡丹享誉九州、走向全球。

（二）工作目标

到 2025 年，建成牡丹高效种植示范基地 15 个以上，选育牡丹新品种 20 个以上；研发牡丹营养健康食品、牡丹功能性化妆产品等加工新产品 30 个以上；开发牡丹戏曲、雕刻和服饰等文创产品、节目 30 个以上，推出新业态、新场景、新模式等新型文化消费 20 种以上；年接待游客总量达到 1 000 万人次以上，牡丹旅游总收入达到 60 亿元；牡丹产业综合大数据信息服务平台上线运行，初步建立牡丹全产业链溯源管理系统；"中国牡丹之都"品牌标识授权使用企业超过 40 个，力争牡丹上市企业实现零的突破；牡丹产业总产值达到 120 亿元以上，"中国牡丹之都"的知名度更高、美誉度更广、影响力更大。

二、产业布局

立足牡丹省级农业高新技术产业开发区，示范带动牡丹区、定陶区、鲁西新区发展，辐射菏泽全市，坚持战略性定位、前瞻性规划、整体性布局，依靠科技引领、重点突破、有序推进，加快形成"一心、两带、三区"的总体布局。"一心"，主要指全国牡丹融合发展中心；"两带"，主要指牡丹精深加工带、牡丹文旅康养生态带；"三区"，主要指牡丹产业发展核心区、牡丹产业发展示范区、牡丹产业发展辐射区。

（一）全国牡丹融合发展中心

以国花博览园、尧舜牡丹产业园、龙池牡丹实业有限公司、冠宇牡丹园、七里河湿地公园为载体，重点抓好牡丹省级农业高新技术产业开发区建设，从育种、种植、加工和流通等环节对牡丹产业进行全方位、宽领域、深层次的科研开发，积极探索"牡丹＋N"发展模式，推动牡丹新技术、新设备、新工艺等及时转化为生产力，打造牡丹一二三产业融合发展中心。

（二）牡丹精深加工带

依托尧舜牡丹产业园、龙池牡丹实业有限公司、菏泽瑞璞牡丹产业科技发展有限公司等骨干企业，推动牡丹产业向医药化工、食品加工和营养保健等方向发展，重点抓好牡丹籽油、牡丹饮品和牡丹化妆品等提质升级，延伸牡丹产业链条，膨胀牡丹企业规模，提升牡丹产品附加值，加强牡丹基地建设，扶持牡丹产业化龙头企业，推进专业化生产，抱团式发展，加强科技创新和成果转化，将企业发展、产业化发展与农民增收结合起来，实现互利共享，推动菏泽牡丹走上绿色化、高端化、集群化的发展之路。

（三）牡丹文旅康养生态带

坚持创新、协调、绿色、开放、共享的新发展理念，建设牡丹文旅康养生态带，以开放的胸怀发展牡丹产业，走牡丹文旅康养发展之路。依托中国牡丹园、曹州牡丹园和七里河湿地公园等牡丹主题公园，以牡丹区纬一路、国花大道和菏郓路两侧等为布局主线，以展示古典园林、凸显大田特色和打造文化地标等为发展方向，以国际国花博览园、牡丹游憩场所和黄河牡丹旅游区等为建设重点，打造集文化研学、生态观光和旅游康养等于一体的牡丹文旅打卡地。

（四）牡丹产业发展核心区

围绕山东菏泽国家农业科技园区、牡丹省级农业高新技术产业开发区和牡丹区省级现代农业产业园等，建设高标准牡丹种植基地，实施良种、良田、良法，优化品种改良，实施种苗繁育技术和高效栽培技术，改进和完善加工工艺技术，坚持龙头企业带动，科技创新支撑，运用新质生产力，推动牡丹产业提档升级，打造牡丹文化地标，推动牡丹一二三产业相互融合，形成研、产、游、销于一体的牡丹产业发展核心区。

（五）牡丹产业发展示范区

依托牡丹种植业、牡丹精深加工产业、牡丹产品贸易、牡丹文旅业等加强牡丹产业发展示范区建设，发挥示范引领作用。根据产业发展需求，运用新技术，实现油用牡丹定向改良。开展牡丹标准化育苗和高效栽培技术研究，实现牡丹种植集约化、规模化、机械化、现代化。牡丹精深加工要聚焦丰富产品种类，提高产品附加值，延伸产业链条，拓展产品覆盖领域，产品销售采取线下、线上相结合，面向国内、国外两个市场。以牡丹区、定陶区、鲁西新区为重要建设区，建设牡丹培育、孵化和创新等中试基地，推广牡丹种植、加工和文旅等融合发展新业态，形成牡丹产业发展的示范区。

（六）牡丹产业发展辐射区

聚力打造牡丹产业发展核心区、产业发展示范区，通过牡丹产业核心区的带动和示范区的引领，更好发挥产业发展辐射区的功能。熟化牡丹新技术、新业态和新模式，将牡丹产品、牡丹文化和牡丹品牌等辐射扩散到菏泽全市，打造牡丹为韵、花事为媒、花产融合、花城一体的中国牡丹之都，形成牡丹产业发展的辐射区，立足菏泽、辐射菏泽、立足山东，辐射山东，进而辐射全国，走向世界。

三、行动计划

（一）打造创新研发体系

1. 提升平台能级

充分利用国家、山东省、菏泽市支持新型研发机构建设的扶持政策，推动牡丹产业创新研发平台提升能级。重点抓好中国牡丹产品检验检测中心、牡丹籽油工程技术研究中心、牡丹药用工程技术研究中心、菏泽市牡丹育种与快繁工程技术中心等牡丹产业创新研发平台建设；支持山东菏泽国家农业科技园区、牡丹省级农业高新技术产业开发区和牡丹区省级现代农业产业园等承担省部级以上科技攻关课题；支持巨野县打造菏泽巨野工笔牡丹画产业发展高地；鼓励山东省科学院菏泽分院、菏泽学院、菏泽牡丹产业技术研究院等开展牡丹科研联合攻关；推动山东省农业科学院（菏泽）牡丹产业技术研究院、现代医药港和尧舜牡丹产业园等打通"产、学、研、金、服、用"创新链条,实现产业研发平台数量、质量双提升。

2. 聚焦应用研究

以创新为主线,聚焦重点应用领域,面向市场需求、推动技术、应用协同共振,打造标杆示范场景,研发牡丹高值加工技术、智能装备、产业化工艺,建立 α-亚麻酸、丹皮酚和芍药苷等绿色生产技术规程;开展牡丹籽粕、牡丹花瓣和牡丹枝叶等副产物功能功效研究,开发牡丹活性成分美白、抑菌和降血脂等方向产品;研究牡丹药用机理,开发牡丹中药制剂,推动牡丹产业应用研究再上新台阶。

3. 加大资金扶持

加大牡丹科研资金扶持力度,重点支持牡丹良种培育、新产品研发、新技术开发、新成果转化等领域;对促进牡丹产业快速发展的重点科研项目,菏泽市政府给予一定比例的研发配套资金支持;主动对接牡丹企业,落实研发费用加计扣除等税收优惠政策。

(二)优化栽培繁育体系

1. 强化良种选育

开展牡丹种质资源普查,对收集保存的种质资源进行研究、鉴定和评价,提出利用方向;用好国家牡丹与芍药种质资源库、牡丹新品种测试基地和全国牡丹赛花会等重要平台,大力选育抗逆性强、目标性状稳定、花色丰富的优良品种;重点在牡丹鲜食、油用、日化、药用、切花等方面实现重大突破;借鉴国内外育种机构先进经验,采用引种驯化、远缘杂交等方式,积极培育具有自主知识产权的牡丹新品种;制定牡丹种苗快繁技术规程,确保牡丹良种快速推广。

2. 提高种植质量

因地制宜、结合国家黄河生态战略,引导牡丹种植向沿黄公路、国有林地等区域发展;地方政府做好基础设施建设,确保路、水、电设施齐全;探索牡丹复合高效套种模式、提高种植效益;鼓励牡丹"飞地"模式,支持种植主体与西部地区合作,建立油用、观赏牡丹种植基地;制定牡丹高效种植技术规范,支持种植企业开展品牌创建、商标注册、质量体系认证,以品牌培育带动牡丹种植质量提升。

3. 注重示范推广

在山东菏泽国家农业科技园区、牡丹省级农业高新技术产业开发区和牡丹区省级现代农业产业园等规划范围内,重点建设观赏牡丹种植基地、牡丹芍药鲜切花基地、牡丹芍药四季催花基地等;规划建设优质种苗分类繁育基地,主要示范观赏、油用、药用、催花、切花等标准化生产管理;推广应用牡丹容器栽培、技艺栽培、设施栽培等新技术，积极推动牡丹种植质效同步提升。

（三）完善生产加工体系

1. 培育龙头企业

强化土地、资金和环境容量等生产要素供给，采用新技术、新设备和新工艺等，支持尧舜牡丹产业园、龙池牡丹实业有限公司、康普生物科技有限公司等一批龙头企业规模膨胀、技术改造、转型升级；鼓励大型企业投资、参股、控股牡丹生产加工企业，引导建立现代企业制度，推动牡丹龙头企业做大做优做强。

2. 推动精深加工

依托天宝牡丹生物科技有限公司、中花生物科技有限公司等，从牡丹中药制剂、牡丹护肤成分开发、牡丹副产物循环利用等方面，积极开展牡丹全系列功能性创新产品研发与产业循环示范；重点突破牡丹提取物产业化工艺、牡丹特膳食品、牡丹化妆品等牡丹精深加工的瓶颈制约，着力开展牡丹精深加工技术的研究以及功能性产品的开发，加快形成牡丹产业高效梯级精深加工利用的示范场景。

3. 推动项目建设

以《"菏泽牡丹"优势特色产业培育方案》（鲁农产业字〔2021〕9号）为抓手，列出时间表，制定路线图，实行目标责任制，采取领导"包保"、调度通报和"要素跟着项目走"等机制，重点抓好国花博览园、国家牡丹与芍药种质资源库、牡丹中药加工等项目的建设，突出抓好牡丹籽油全营养成分开发利用、国花博览园国花交易中心、"菏泽牡丹"、巨野工笔牡丹画品牌推广等项目建设，着力抓好曹州牡丹园提升改造、鲁西南花卉大市场二期、尧舜牡丹林业生态综合体等项目的竣工投产，加快形成立项储备一批、开工建设一批、竣工投产一批的良性循环。

（四）培育市场流通体系

1. 培育专业市场

扩大牡丹线上销售市场，提升牡丹传统交易市场地位，打造牡丹文创书画市场，拓展国内外市场空间，推广线上线下一体营销新模式；发挥菏泽市牡丹种植协会、菏泽商会、产业联盟、巨野工笔牡丹画协会等民间团体作用，开展牡丹产品集中推介活动；借助世界牡丹大会、牡丹文化海外传播站，拓展国外市场空间；建设牡丹产业综合大数据信息服务平台，与知名销售公司共同搭建交易平台，建设网上牡丹产品市场。

2. 创建牡丹品牌

着力打造"菏泽牡丹""中国牡丹之都"品牌，借助世界牡丹大会、菏泽国际牡丹文化旅游节、中国林产品交易会等载体，打造城市牡丹品牌；开展以"商标立企、品牌兴企、标准强企"为主题的培训活动，引导牡丹企业树立品牌意识；充分发挥"中国牡丹之都"区域品牌效应，加大牡丹产品授权使用和宣传推介力度；主动对接牡丹生产经营主体解决商标注册难题，推动牡丹商标国际注册步伐；开展牡丹品牌联合创建活动，加强牡丹产品商标保护和品牌认定；积极组织牡丹企业参加知名品牌展会，支持巨野工笔牡丹画等知名品牌进行全国巡展、"一带一路"巡展等，努力展示"中国牡丹之都"城市品牌形象。

3. 拓展营销网络

加大宣传力度，科普牡丹的重要功效和广阔的产业前景；鼓励企业对接商超、餐饮、酒店等消费窗口，设立牡丹产品零售店、专卖店、连锁店，借用其他油品、医药保健品、工艺品等销售网络经营牡丹产品；支持种植大户和专业经纪人从事名优牡丹产品的推广销售；依托传统媒体和新媒体，抓住节日节点，策划营销活动，形成网络热点，带动销售流量；实施"互联网＋牡丹"工程，支持牡丹企业组建电子商务团队，做好直营网店；通过一系列科普宣传、市场培育和消费引导，让牡丹产业成为菏泽创业主体的项目首选，让菏泽创业主体成为牡丹产业的强劲动力。

（五）提升牡丹旅游体系

1. 推动牡丹主题旅游与相关产业融合

关联工业、农业、教育等多种业态、多个行业，实施"牡丹＋"工程。发挥大田牡丹优势，挖掘黄河农耕文化资源内涵，发展特色民宿、观光农业等产品业态；结合"云游菏泽"牡丹数字平台，融合牡丹一二三产业，拉动牡丹产业链条；结合牡丹节会，整合菏泽全市会展旅游资源，吸引各类企业和组织来菏泽参展办会；开展牡丹知识进课堂活动，普及牡丹科普知识，策划研学精品线路，打造全国"牡丹研学旅游示范样板"；加大"牡丹宴"开发力度，打造"牡丹之都风味菏泽"旅游饮食品牌；建设牡丹种植观光带，开发体育旅游线路，打造融入牡丹元素的经典赛事活动；搭配牡丹产品，汇集全市特色旅游商品，策划"菏泽有礼"品牌，通过民风民俗民情的实物展示，彰显菏泽"中国牡丹之都"的城市魅力。

2. 加快推进牡丹文旅要素建设

支持牡丹文旅企业申报国家级、省级文化产业示范基地和康养旅游、工业旅游、中小学生研学等旅游类示范基地，支持参加国内外各项文化和旅游博览会。指导菏泽市牡丹类 A 级旅游景区服务质量提升，鼓励相关部门充分发掘利用菏泽厚重的牡丹文化资源，强化创意引领，融入现代科技，切实提高游客参与度和体验感，让牡丹类 A 级旅游景区成为触摸牡丹文化的文旅"打卡地"。提升牡丹观赏水平，规范牡丹类 A 级旅游景区管理，推动景区高质量发展，营造良好的旅游环境，优化景区观赏线路，合理引导游客游览景区。

3. 加强牡丹与菏泽各类文旅资源的融合

将牡丹元素与菏泽文化旅游资源相连接，除传统的春季牡丹观光游外，将巨野工笔牡丹画等其他能够体现牡丹主题，且不受时间限制的场馆、产品，与黄河、祖源、水浒、非遗等内容有机衔接，推出乡村游、民俗游、研学游、城市漫游等各具特色的旅游线路产品设计，争取将更多以牡丹为代表的菏泽元素纳入山东省旅游线路，一体对外宣传推广。

（六）构建文化传承体系

1. 建设文化载体

组建项目专班，抓好中国美术学院（菏泽）大学科技园、中国工笔牡丹画研究院、七里河牡丹文化长廊等项目的建设运营；以曹州牡丹园为重点，高标准打造一批突出菏泽特色、彰显国际水平的四季牡丹观赏园林；开发牡丹采摘游、牡丹餐饮游、牡丹诗词游、牡丹书画游等多种牡丹旅游精品旅游路线；提升城市牡丹景观，营造浓厚氛围。

2. 丰富文创产品

设计开发打造一批具有牡丹文化、牡丹元素和牡丹特色的文创产品；邀请专业设计团队，以牡丹年宵花为试点示范，推动各牡丹企业开发富于文化气息和设计感的产品 LOGO 和外包装，促进产品销售；打造价位多样、富于牡丹元素的伴手礼，挖掘牡丹幸福吉祥美好寓意，讲好牡丹故事，推动形成节日庆典送牡丹、健康祝福送牡丹、日常居家送牡丹的消费新风尚。

3. 推动人文研究

做好基础理论研究，科学阐释传播牡丹文化的精神内涵；开展以"菏泽牡丹发展历程""菏泽牡丹诗词咏唱""菏泽牡丹在'一带一路'共建国家的传播""菏泽牡丹地域文化研究""菏泽牡丹与儒、释、道的文化渊源""菏泽牡丹跨文化交际研究"等为主题的专项人文社科研究，挖掘菏泽牡丹文化在中华文明发展演变过程中的地位和作用，以学术的主动争鸣推动公众对"菏泽牡丹"的积极思考和普遍认可。

四、保障措施

（一）建立协同推进机制

建立健全菏泽市牡丹发展工作领导小组工作运行机制，统筹推动牡丹发展各项工作；鼓励菏泽市各县区、有关部门高度重视牡丹产业发展，因地制宜地制定本地区、本部门工作计划、发展规划，创新工作方法，狠抓工作落实，引导牡丹元素在与各行各业的融合发展中产生新业态、迸发新动能、开创新局面。

（二）健全牡丹服务网络

重点在牡丹省级农业高新技术产业开发区开展试点示范，结合牡丹产业链条对产业发展要素的实际需求，建立健全物资供应、技术咨询、仓储物流、营销推广等方面的嵌入式社会化服务网络，为牡丹产业发展提供坚强后盾。

（三）加大宣传推介力度

坚持高水平、高标准、高层次原则，着力做好顶层设计，加大牡丹宣传力度；充分利用广播电视、报刊和微信、微博等新媒体，发挥机场车站、公共交通和广场游园等公共场所宣传作用，加大牡丹种植、牡丹加工和牡丹文化等知识科普，着力营造牡丹发展的良好氛围；支持牡丹宣传工作开展，为做好牡丹国内外推介活动提供资金保障。

第三节　构建牡丹产业化发展新格局

菏泽是著名的牡丹之都和武术之乡、戏曲之乡、书画之乡、民间艺术之乡。在牡丹盛开的季节，牡丹花开千里飘香，这既是花的世界，也是花的海洋，牡丹花大色艳，国色天香，赏心悦目，牡丹园内游人如织，呼吸着牡丹花儿那醉人的芳香，让人心旷神怡，美丽的牡丹之都山东菏泽，在新时代焕发出新的活力，以创新促发展，不断构建油用牡丹产业化发展新格局。

一、坚持党建引领，注重构建牡丹产业化发展新格局

在贯彻习近平新时代中国特色社会主义思想上下功夫，不断走深走实。菏泽学院以党建为引领，推进党建与业务工作深度融合，以正在开展的主题教育为契机，落实学思想、强党性、重实践、建新功的总要求，坚持依托菏泽、融入菏泽、服务菏泽的办学思路，不断推动学校转型发展，以作为求地位，以服务求发展。以习近平总书记视察菏泽重要讲话精神为指引，在做大做强做精牡丹产业上出实招、见实效，助推牡丹产业高质量发展，主动对接国家重大战略，融入和服务新发展格局。对接黄河流域生态保护和高质量发展战略，乡村振兴战略，碳达峰、碳中和政策，山东省绿色低碳高质量发展先行区、突破菏泽鲁西崛起三年行动计划（2023—2025 年），菏泽学院先后成立了牡丹学院、牡丹研究院，参办世界牡丹大会牡丹产业集群高质量发展论坛，由学习时报社、中共山东省委党校、中共菏泽市委联合举办，菏泽学院与中共菏泽市委宣传部共同承办"深入贯彻落实党的二十大精神，推动菏泽高质量发展"研讨会，汇聚智慧，助力菏泽高质量发展。聚焦牡丹特色化、差异化、品牌化发展思路，依托北京林业大学、菏泽学院等院校的牡丹研究团队，针对牡丹产业化关键技术，加强协同攻关科学研究，破解技术难题，致力于牡丹产业高质量发

展，构建牡丹产业化发展新格局。

二、加大政策支持力度，注重观赏牡丹和油用牡丹发展并重

国家、山东省、菏泽市相继出台了油用牡丹发展支持政策，2012 年 3 月，油用牡丹产业被列入山东省油料产业振兴规划，菏泽被列为山东省三大新开发油料基地之一；国家林业局将菏泽市列为全国油用牡丹生产基地试点区。国务院办公厅印发国办发〔2014〕68 号《国务院关于加快木本油料产业发展的意见》，山东省人民政府办公厅印发鲁政办字〔2015〕7 号《山东省人民政府办公厅关于印发山东省牡丹产业发展规划（2015—2020 年）的通知》，菏泽市牡丹产业化办公室印发了菏牡办发〔2015〕16 号《菏泽市牡丹产业化办公室关于印发菏泽市扶持牡丹产业发展实施办法实施细则的通知》等，加大支持油用牡丹发展力度。观赏牡丹历史由来已久，菏泽牡丹始于隋，兴于唐宋，盛于明清，已有 1500 年的栽培历史，自古就有"曹州牡丹甲天下"的美誉。菏泽是全国最大的牡丹栽培基地、牡丹种苗基地、牡丹物流基地。牡丹的观赏价值、药用价值不断被人们所认可。菏泽大田牡丹栽培历史久、时间长，花农们积累了丰富的大田观赏牡丹种植管理经验。2011 年我国批准油用牡丹为新资源食品，油用牡丹越来越引起各级领导的高度重视。由过去以观赏牡丹为主转移到观赏和油用牡丹发展并重，在聚力发展油用牡丹扩量提质上下功夫，为油用牡丹深加工奠定坚实的原料基础。菏泽市作为全国最大的牡丹种植基地、加工基地、销售基地，菏泽市委、市政府高度重视，从推进牡丹产业可持续发展角度出发，成立了菏泽市牡丹产业办公室，后更名为菏泽市牡丹产业服务中心，为正处级单位，配备编制人员，专门负责牡丹产业协调发展工作。菏泽市从一产种植业、二产加工业、三产服务业持续发力，油用牡丹种植面积不断扩大，加工企业数量不断增多，市场渠道不断拓展，形成了稳中求进的良好态势。

三、坚持牡丹品牌建设，注重提升品牌影响力

一是从历史看，菏泽牡丹品牌产生于深厚的历史文化底蕴中。中国 5 000 多年厚重的历史文化孕育了浓厚的牡丹文化。牡丹栽培历史长，花大色艳，品种繁多。牡丹有九大色系，十大花形，1 200 多个品种，享有"国色天香""花中之王"的美誉。唯有牡丹真国色，花开时节动京城，文人墨客留下的赞美牡丹的诗篇不胜枚举。二是从现实看，注重牡丹品牌建设，持续提升牡丹品牌的知名度、影响力有很好的现实基础。近 10 年来，菏泽聚焦牡丹特色产业持续发力，久久为功，努力把菏泽建设成为国家级牡丹生产、科研、观赏核心区、特色经济发展示范区和国际上最大的牡丹产业化生产基地。建设集教学、科研、开发、服务于一体的国家级油用牡丹产业基地，建设国家级油用牡丹工

程技术中心，把菏泽建成全国最大的油用牡丹栽培中心、研发中心、培训中心、产业化中心。形成系列牡丹产品加工链，发展高端、优质、高效牡丹精深加工新产品，打造菏泽知名牡丹品牌。三是进一步擦亮牡丹名片。牡丹是菏泽的一张靓丽名片，一年一度的国际牡丹花会，不断提升了菏泽牡丹的知名度和影响力。牡丹产品正在随着国家"一带一路"倡议，冲出亚洲，走向世界，他正在向世界发出越来越耀眼的光芒。牡丹特色产业走上了加快发展的快车道，国色天香、丹养身心的理念，逐步深入人心。

四、坚持补链延链强链，注重延长牡丹产业链和提升牡丹价值

一是在补链延链上下功夫，不断延长牡丹产业链。按照做大一产、做强二产、做优三产的思路，促进一二三产业融合发展。牡丹全身是宝，花能食，蕊能饮，籽可榨油，根能入药。牡丹籽是牡丹植株的精华，具独特的医药和营养成分，牡丹种子是受果壳和种壳双层保护的坚果，具有天然的"长寿"基因，这赋予了牡丹极高的经济价值，因此，也给花农带来了极高经济效益，牡丹籽被花农誉为发家致富的"金豆""银豆"。《中医研究》有报道称，世上没有癌，只有瘀和堵。据李时珍《本草纲目》记载丹皮可"清热凉血，活血化瘀"，牡丹籽油营养丰富，不仅富含人体必需的脂肪酸和亚麻酸成分，具有增强免疫力、调节血压、降低胆固醇等作用，而且还富含多种药理性活性物质，具有药用价值。二是在新产品开发上下功夫，不断提升牡丹产业价值链。随着人们对牡丹产品不断深入探索和研究，相继开发出牡丹籽油、牡丹花蕊茶、牡丹糕、牡丹酒、牡丹工艺品、牡丹日化、牡丹油软胶囊保健品、牡丹生物医药类产品等 260 多种系列牡丹产品。在此基础上，菏泽丹养元生物科技有限公司，坚持科技引领和守正创新，把中医药文化创造性转化和创新性发展，结合实际，联合科研院所、中医名家和牡丹界专家学者一起共同开发研制出丹养元品牌固体饮料、长寿面、牡丹籽油茶等系列牡丹加工产品，既进一步丰富了牡丹产品品种，填补了牡丹产品在固体饮料、面食、油茶类历史的空白，也为牡丹产业高质量发展注入了生机和活力。

五、坚持营养好价值高，注重聚焦牡丹高精尖特产品

丹养元是国家注册商标，丹养元固体饮品正在申请国家专利，配方保密，它是由精选牡丹籽油、铁棍山药、葛根、黄精、人参、甘草、干姜、大枣等珍贵药食同源食材，经科学配比、传统熬制、现代萃取等十几道工序，匠心制作而成。牡丹籽油含有大量不饱和脂肪酸，营养价值高。含有不饱和脂肪酸92.26％，其中亚麻酸 43.18％、油酸 21.93％、亚油酸 27.15％，还含有丹皮酚、芍药皂苷、牡丹多糖、岩藻甾醇、角鲨烯等营养物质，多项营养指标均超

过橄榄油。不饱和脂肪酸可以降低人体血液胆固醇和甘油酸脂含量、降低血液黏稠度、改善血液微循环，有预防动脉粥样硬化、高胆固醇血症和高脂血症作用，可提高脑细胞活性，增强记忆力和思维能力。亚麻酸是人体不能自身合成的必需脂肪酸，是维系人类脑进化的生命核心物质，对防治心脑血管病、癌症、糖尿病、老年痴呆症有显著作用，有血液营养素、植物脑黄金之称。黄精是气阴双补的佳品，具有上润肺、中健脾、下益肾的功效。山药、葛根、人参、甘草、大枣等，都是人们熟知的、经常食用的、药食同源补品。丹养元固体饮料，是植物精华，养生精品。"药补不如食补"，药食同源是中医养生的文化理念，这也是中国传统医学对世界人类健康做出的历史性贡献。丹养元长寿面是以优质小麦粉、黑小麦粉、高粱粉、黑豆粉、牡丹籽油为主要原料，采取先进工艺加工而成，香味浓郁，爽滑可口，色香纯正，耐煮不混汤。丹养元牡丹籽油茶把牡丹芳香与油茶清香完美融为一体，口感独特，层次分明，令人回味无穷。通过不断开发高精尖特产品，推动牡丹产业高质量发展。

牡丹花集聚大产业，牡丹花香飘全世界。随着国家"一带一路"倡议的提出，牡丹产品尤其是牡丹、芍药鲜切花在菏泽高铁站、飞机场建成并投入使用的助力下，远销 30 多个国家和地区，2022 年实现总产值 100 多亿元，有效带动了农民增产增收，把"富贵之花"，变成了"产业之花""富民之花"。因此，菏泽因一朵花，惊艳世界，享誉国内外。

第四节　构建黄河流域生态保护和高质量发展新格局

黄河流域生态保护和高质量发展事关中华民族伟大复兴的中国梦，事关中国式现代化进程，事关沿黄区域经济社会高质量发展。坚持新发展理念和法治思维，加强牡丹种植栽培和精深加工，促进牡丹产业化发展，促进沿黄全流域高质量发展，满足人民群众对美好生活的新期盼，对于造福人民、造福后代具有里程碑、划时代的意义和作用。

一、充分认识黄河流域生态保护和高质量发展的重大意义

1. 习近平总书记高度重视黄河流域生态保护和高质量发展

习近平总书记多次到黄河沿线深入考察调研，对黄河流域生态治理、保护、发展和文化传承、利用提出明确要求，为黄河流域生态保护和高质量发展指明了方向。

2. 黄河流域生态保护和高质量发展是重大国家战略

2020 年 8 月，中央政治局会议审议《黄河流域生态保护和高质量发展规

划纲要》，从发展理念、遵循规律、统筹治理、改善生态、优化配置、促进发展等方面提出具体要求，发挥菏泽牡丹优势，做好生态绿色发展文章，促进绿色低碳高质量发展。

3. 黄河流域生态保护和高质量发展事关沿黄流域人民群众幸福安康

历史上的黄河以善淤、善决、难治理而闻名，据统计，自五代至宋朝，平均每年黄河成灾 2.4 次。新中国成立后，历届党和国家领导人都曾亲临黄河视察并作出重要指示，黄河的保护和治理取得了举世瞩目的成就，持续加强黄河生态保护，推进黄河滩区高质量发展，必须增强定力，久久为功，让油用牡丹在黄河滩区大放异彩，让高质量发展成为主旋律。

二、准确把握黄河流域生态保护和高质量发展的丰富内涵

1. 注重科学性，突出思想引领

坚持以习近平新时代中国特色社会主义思想为指导，对接国家、山东省、菏泽市政策及《黄河流域生态保护和高质量发展规划》，提升项目的前瞻性、科学性、针对性，突出思想引领，科学施策、精准施策，瞄准靶向，精准发力。

2. 注重法治性，突出法治保障

加强黄河立法，发挥法治的引领、规范、支撑、保障作用，从立法、执法、司法、守法、普法、组织保障等法治视角，推进生态损害适用刑事制裁、民事赔偿、生态补偿等多元化责任承担方式，坚持依法治理黄河，以法保障生态建设和高质量发展，依法推进法治建设。

3. 注重凝聚性，突出党的建设

发挥党总揽全局、协调各方的作用，按照党中央统一部署，沿黄九省区必须省、市、县、镇、村五级上下联动、协调联动、配套联动、协作联动，坚持目标一致、方向一致、行动一致，同频共振、形成合力，以党建引领高质量发展，不断开拓高质量发展新局面，促进乡村振兴。

4. 注重生态性，突出生态建设

严把生态关口，实行绿色发展、生态发展、有机发展，聚焦生态文明、生态产品、生态生活。淘汰落后动能，积极发展新动能，让生态建设贯穿生产、生活全过程，营造蓝天、白云、碧水和鸟语花香的良好环境，转变经济发展方式，由线性经济向循环经济发展模式转变，形成可持续经济发展模式，构建生态文明建设新格局。

5. 注重绿色性，突出绿色发展

从农业种植业发展角度看，要改良土壤质量，避免土壤污染、水污染，坚持绿色化、有机化、生态化和地理标志认证；从农产品加工角度看，要实行绿色加工行动计划。做到原料绿色化，加工环节绿色化，销售环节绿色化，构建

闭环式绿色生产销售体系。从农业机械角度看，要发展绿色农业机械，进一步提高农业机械发展质量和水平。从工业发展角度看，要注重加强绿色低碳产业集群发展，提升新质生产力，积极发展新能源、节能环保产业，构建绿色发展新格局。

6. 注重非遗性，突出非遗保护

非物质文化遗产项目多，保护传承任务重，必须深入挖掘其精神内涵和时代价值，进一步丰富"两创"理论，让非遗文化在新时代绽放新的光彩。构建弘扬大合作、大协同、大保护、大发展的工作机制，发挥菏泽在全国地级市非遗项目和代表性传承人数量名列前茅的优势，持续用力推动文化产业化、产业经济化，让"一都四乡"优秀传统文化在新时代迸发出勃勃生机和旺盛生命力。

7. 注重文旅性，突出文旅发展

黄河历史文化厚重，文旅资源丰富，深入挖掘黄河文化、红色文化、农耕文化、武术文化、戏曲文化、牡丹文化、书画文化、民间艺术文化等丰富的文化内涵，坚持以文塑旅、以旅彰文，推进文旅产业深度融合、做大做强文旅产业，留住黄河文化的根与魂，让历史文化在新时代文旅发展中发挥积极作用。

8. 注重结果性，突出高质量发展

从国家层面，加大中央预算投入资金，支持重点项目建设，加大工业园区污水处理、环境突出问题、农业土壤污染等整治力度。从省级、市级层面，聚焦科技创新性强的项目、新型战略性项目、特色化项目，争取上级更多政策支持、资金支持，推动投资计划项目落地落实落细。以绿色低碳产业集群、现代产业园区、优质高效生态现代农业推动地方经济高质量发展。

三、科学分析黄河流域生态保护和高质量发展存在的问题

党的十八大以来，着眼于生态文明建设，黄河流域生态保护治理与开发取得很大成绩。但是，黄河资源环境承载能力弱，沿黄各省区发展不平衡不充分，当前生态保护和高质量发展仍存在一些突出的发展瓶颈。一是，洪涝灾害造成洪水威胁依然存在。二是，生态脆弱是生态建设的薄弱环节。三是，水资源短缺是黄河面临的一大问题。四是，黄河流域高质量发展不充分。五是，黄河文化深入挖掘研究不充分。

四、加快黄河流域生态保护和高质量发展的对策措施

1. 坚持加强顶层设计，统筹标本兼治

党的十八大以来，习近平总书记从"五位一体"总体布局和"四个全面"战略的高度，先后在河南郑州和山东济南亲自召开座谈会并发表了重要讲话，

为治黄工作提供了根本遵循和发展方向。中央、山东省、菏泽市聚焦打造高质量发展的重要实验区，黄河流域治理的重要标杆，中华文化传承弘扬的重要承载区，生态环境的重要安全屏障，统筹规划，有计划地安排重大工程建设。依据《黄河流域生态保护和高质量发展规划纲要》对黄河保护治理进行宏伟战略布局；坚持法治思维，依法保护黄河。河湖长制全面推开，一系列政策、机制、制度不断完善。

2. 坚持聚焦水利重点工程建设，服务高质量发展

水利重点工程建设作用巨大，既直接影响到沿黄区域人民群众生产生活，也直接影响乡村振兴的质量。黄河干流已建成龙羊峡、小浪底等水利枢纽工程，解决了8 400多万农村人口饮水安全问题。引黄灌溉面积不断增加，已由原来的1 200万亩发展到12 000万亩。黄河以占全国2%的河川径流量，支撑着全国12%的人口、17%的耕地用水需求，有效保障了沿黄大中城市和能源基地的供水安全，也有效缓解了农田灌溉用水需求，为沿黄区域发展创造了有利条件，为国家发展提供了有力支撑，为乡村振兴提供了有力保障。

3. 坚持宽河固堤，落实防汛责任制

要尊重和把握"黄河水沙情势变化"规律、河流演变规律和经济社会发展需求，科学分析预测，顺应规律，创新谋划工作举措，维护黄河健康。建立日常巡查机制，信息共享和预警机制，将坝体隐患消除于无形。组织培训黄河防汛队伍，储备防汛物资、设备，编制防洪预案以及水情测报、通信联络、道路保障、电力供应等保障措施，确保黄河安全防汛，确保沿黄区域人民群众生命财产安全。

4. 坚持实施黄河滩区迁建工程，破解滩区安居难题

坚持人民至上原则，菏泽成为山东省滩区迁建的主战场。2017年8月，经国务院批准，国家发展改革委印发《山东省黄河滩区居民迁建规划》。菏泽新建村台社区28个、外迁社区6个，2017—2021年历时五年日夜奋战，完成了黄河滩区居民迁建重大民生工程、德政工程，新建成的村台社区全部分房到户，破解了滩区群众的百年安居难题。在此基础上，抓环境整治，抓社区治理，抓特色产业，陆续创建生态高效农业基地，建设沿堤中药材基地、水产生态养殖基地，进而建设沿堤绿色观光旅游长廊，把黄河流域生态保护和高质量发展做到实处。

5. 坚持发挥资源优势，推进高质量发展

立足黄河水资源、堤坝资源、沿岸的历史文化、村落文化、建筑文化、红色文化、民俗文化等文化资源，做好高质量发展工作。一是充分利用黄河水资源。目前菏泽已形成万亩以上引黄灌区9处，年均引水7.32亿立方米，抗旱灌溉面积636万亩，全市9个县（区）均用上了黄河水，黄河水已成为国民经济和社会发展的重要资源。二是利用岸堤资源。黄河大堤既具有防范黄河水外溢的岸堤功能，也具有厚重的历史文化积淀。黄河大堤依黄河天然流向而筑，在菏泽蜿蜒跨过 4 个县区 12 个乡镇，从东明县焦园乡辛庄村到郓城县仲谭码头，大堤长度 155.9 千米。新中国成立后，经过四次大规模复堤，已经具备了抗击 22 000 米³/秒洪水的能力。黄河堤坝沿线上下形态不一，大堤上公路蜿蜒，堤下是宽阔的绿化带，既有防护林，又有四季花卉、果木，一年四季瓜果鲜花不断。三是利用文化资源。黄河流域有 3 000 多年是全国政治、经济、文化中心。中华文明的源头——神话传说，多出自黄河流域。菏泽沿黄河现行河道分布着牡丹传说、鲁西南民间织锦技艺等国家级非遗项目 12 项，各级文保单位 95 处。黄河菏泽段有大量的革命历史文化遗址。四是利用土地矿产资源。黄河流域 1990 年探明的矿产有 114 种，在全国已探明的 45 种主要矿产中，黄河流域有 37 种，既是全国的能源富足地区，也是未来能源开发的重点地区。截至 2020 年底，探明菏泽蕴藏的主要能源矿产、金属矿产、非金属矿产、水气矿产 4 类 17 种。石油、天然气资源采矿权矿区面积合计 285.94 平方千米、生产规模石油 20.6 万吨/年、天然气 1.45 亿米³/年。黄河滩区及沿岸和故道有大规模的土地，可用于绿色生产开发。五是利用黄河故道资源。历史上黄河河道频繁地在菏泽大地滚动和迁出，留下了多条黄河故道和遗迹。菏泽的黄河故道有南宋故道、元代故道、明清故道等。现菏泽市南部的黄河湿地即明清黄河故道。黄河故道水资源主要是来源于黄河的客水和周围天然降雨形成的湖泊、湿地。浮龙湖、东明黄河国家湿地公园、万亩荷塘风景区等，都是黄河故道资源。六是利用旅游资源。黄河滩区及河岸周围有大量星罗棋布、特色鲜明的村镇。有的历史文化悠久，有的形成了独具特色的产业，有的保留着较为原始的古建筑遗址，有的建起了现代化的楼宇。依托这些资源形成的黄河森林公园、采摘园、纪念馆、乡村记忆馆、淘宝村、迁建新农村样板、文化走廊、庙会等，都是不可或缺的黄河主题旅游资源。七是发挥特色产业优势。依托黄河滩区独特生态优势和虎杖产业基础，围绕建基地、深加工、搞研发、促营销，充分发挥东明格鲁斯生物科技有限公司等龙头企业在虎杖全产业链中的纽带作用，优化串联整个虎杖产业链，种植规模、加工水平、产业发展全国领先，构建"滩内种植＋滩外加工"的独特发展模式，深化集体资产折股量化、联合体共建共享、"三金一返"等联农带农富农模式，成效显著。

6. 坚持生态导向，做好黄河的环境生态保护

对接国家黄河流域生态保护"一带五区多点"空间布局，在保证黄河防洪安全前提下，突出防洪护岸、水涵养、生物栖息等功能，建设好黄河绿色生态走廊。统筹滩区生态建设，加强黄河两岸生态防护林带和森林公园建设。根据水资源分布特点，扩大水土保护面积，推广精准施肥策略，实施有机肥替代，严禁在黄河干流新建"两高一资"项目及相关产业园区，更好发挥政府协调作用，加快科技创新型先进制造业发展。加强生态环境风险防范，提升污水处理能力。大力推进节水型城市建设，严控高耗水服务业用水。逐步普及建筑中水回用技术，加快推行雨水集蓄利用设施，实施苦咸水水质改良和淡化利用。实施环境友好型饲养模式。鄄城县山东益客食品产业有限公司采用先进饲养管理技术，开展肉鸭现代化养殖，形成集饲料加工、肉鸭养殖、屠宰、羽绒加工于一体的现代化肉鸭养殖产业链条。实行养殖端的智慧养殖系统（IBS）、生产环节的数字化生产系统（DPS）以及客户关系管理系统（CRM），形成全产业链的数据联通与可追溯，获农业农村部认定为农业农村大数据实践案例最佳实践案例。采用笼养＋生物饲料，有氧发酵＋厌氧发酵＋脱硫等粪污资源化处理方式，突破生态养殖发展瓶颈，带动鄄城、郓城周边1 500多户农民从事肉鸭生态养殖。

7. 坚持整合黄河资源，发展黄河经济

着眼长远发展，对接国家重大战略，立足菏泽资源禀赋，结合区位特点、发展现状，坚持错位发展和差异化发展，谋划生物医药、新材料、数字经济、低碳经济、旅游经济等新型主导产业，服务231特色主导产业，努力打造黄河流域高质量发展的增长极。持续发展壮大牡丹、大蒜、芦笋等特色产业，促进农村电商蓬勃发展，培育壮大新型经营主体，加快山东沿黄肉牛产业集群建设，加快老产业转型升级和新旧动能转换，大力发展智慧农业、体验农业、生态农业、现代农业等新业态，形成绿色深加工产业。推进县城和小城镇经济发展，分类建设特色产业园区平台，推进新型城镇化、新能源开发、新型住房建设。争取国家相关支持政策，融入国家新规划的新型城市群，面向国内国际两个市场，融入"一带一路"，积极参与全国及国际经济分工。

8. 坚持黄河文化的挖掘和保护利用，打造黄河故道精品文化旅游带

打造黄河流域菏泽地标，争取设立黄河国家文化公园菏泽园区，建设黄河历史文化展馆。对接实施中华文明探源工程，打造黄河研究高地，建设黄河研究平台，系统展示菏泽与黄河的历史文化，综合展示菏泽在非遗新业态等领域的文化成就，注重建立贯通古今的现代文化体系。菏泽市非遗文化项目数量多、层次高、排名好。截至2022年9月，菏泽获批国家级非遗项目32项，省级非遗项目112项，市级非遗项目345项，非遗项目数量居全国地级市前列。要讲好新时代黄河故事。启动文化遗产数字化工程，保护传承好"一都四乡"非物质文化遗产。规划多元纷呈、和谐相容的道家文化区、儒家文化区、兵家文化区和红色文化区等文化彰显区。提升一批文化旅游项目，如东明黄河国家湿地公园、曹县黄河故道康养休闲度假区、单县浮龙湖旅游度假区、巨野金山旅游区、刘邓大军强渡黄河景区、郓城水浒好汉城、艺术中国·牡丹古镇、孙膑旅游城、鄄城黄河滩区迁建纪念馆等；打造一批具有影响力的"黄河生态文化旅游带"和黄河故道精品文化旅游带，推动黄河文化交流和绿色生态旅游。

9. 坚持校地共建，为高质量发展提供人才支撑

地方性高校在服务地方区域经济社会发展中担负重要职责，为地方经济社会发展培养留得住、用得上、本土化的应用型人才是使命所系。必须坚持校地共建、资源共享、协同创新对接、政产学研用结合，坚持专业群服务产业群，深化校地合作、校企合作、产教融合，校地联合申报市域发展联合体，联合打造行业产业联合体。发挥高校、政府各自优势，坚持校政合作、优势互补、合作共赢，坚持产教融合、科教融合、校城融合、校地融合，坚持教育链、人才链对接行业链、产业链，菏泽学院、曹州历史文化研究院、文旅部门、文化馆等加强合作，组织业内专家联合成立研究团队，共同致力于牡丹非物质文化遗产研究开发，深入挖掘、系统梳理、提炼总结牡丹非遗文化蕴含的历史价值和时代价值，推动牡丹非遗文化进高校，进高中、初中和小学。依托菏泽市委区委宣传部、菏泽市牡丹发展服务中心，菏泽学院牡丹学院、体育与健康学院、牡丹研究院，菏泽市（区）文旅局和文化馆、菏泽市社科联、曹州历史文化研究院、牡丹栽培和加工企业等，积极打造牡丹非遗文化高地和产业高地，赋予牡丹非遗文化新的时代内涵。共引高水平、高层次、应用型人才，提供高层次人才支撑和智力支撑，校企联合申报重大科技项目，促进教育链、人才链、产业链、创新链有机衔接。以学科专业群支撑和服务产业发展群，实行乡村振兴战略和黄河流域生态保护和高质量发展战略相衔接、相协调、相融合，实施县乡镇村人才提升工程。加强农耕文化保护研究，积极开展村史村志编撰和村情村史教育。运用数字化技术，提升黄河文化建设水平，实施数字化赋能。用新理念、新技术、新业态、新模式推动高质量发展，为走在前、开新局做出新的更大贡献。

第五节　校企共建现代产业学院
服务牡丹产业发展

中央、山东省、菏泽市高度重视校企共建、产教融合工作，积极推进教育链、人才链对接行业链、产业链，充分发挥校企各自优势，实现优势互补、共同发展，依托牡丹学院，校企共建大健康现代产业学院和大健康研究院，不断提升应用型人才培养质量，以人才支撑和科技创新，更好服务区域经济高质量发展。学校坚持以习近平新时代中国特色社会主义思想为指导，秉承"修德、笃学、求是、创新"校训精神，按照学校"十四五"事业发展规划，大力推进实施"四大战略""十大工程"，从宏观、中观、微观上加强顶层设计，按照有利于释放学术生产力、有利于释放教学生产力原则，加快推动应用型本科高校建设，向着建设特色鲜明高水平应用型大学的奋斗目标不断迈进。

一、加强顶层设计，深化校企合作

1. 从宏观、中端、微观 3 个维度加快推进产教融合

宏观上加强"一体两翼三经四纬"顶层设计，中端上推进专业改造嫁接提升，微观上推进课程改革，探索创新人才培养模式。本科实现 3＋1 模式，专科实现 2＋1 模式。"1"为在合作企业实习实训 1 年的时间。建立适应新时代发展的人才培养创新体系，培养具有核心竞争力的高素质、应用型、国际化人才。

2. 加强产业性、行业性二级学院建设

坚持"校地共建、资源共享、协调创新对接、政产学研用结合"的思路，2017 年菏泽学院深化二级院系改革，对教学院系进行整合，成立了教师教育学院、体育与健康学院、人文与新闻传播学院、化学化工学院、农业与生物工程学院（牡丹学院）、机电工程学院、城市建设学院、药学院、商学院、音乐与舞蹈学院、美术与设计学院、马克思主义学院等 17 个二级学院和单县分校、郓城分校 2 个分校。以社会需求为导向，推进与政府部门、企业行业的交流合作，与政府部门合作共建牡丹学院、教师教育学院、乡村振兴学院、黄河研究院等。对接菏泽行业产业发展，推进服务新旧动能转换重大工程建设"1261"方案。

3. 引企入校推动应用型人才培养

坚持政策引领。党的十八大以来，党中央国务院高度重视产教融合问题。《国务院办公厅关于深化产教融合的若干意见》（国办发〔2017〕95 号），对指导我国产教融合发展具有重要意义。2018 年 3 月在北京召开了由教育部高等教育司指导的"2018 年教育部产学合作协同育人项目对接会"；11 月 16～17日，在山东枣庄召开了新时代、新动能、新融合、新发展的"2018 产教融合平台建设经验交流会"，提出向"大平台＋"迈进；11 月 23～24 日，在北京召开了"教育部 2018 年第二批产学合作协同育人项目第五次对接会"。2019年国家发展改革委、教育部等 6 部门印发《国家产教融合建设试点实施方案》，要求深化产教融合，促进教育链、人才链与产业链、创新链有机衔接，统筹开展试点，落实政策支持，加强组织实施。坚持统筹部署、协调推进；优化布局、区域协作；问题导向、改革先行；以有序推进、力求实效的原则，推动质量变革、效率变革、动力变革，助推经济高质量发展。2020 年山东省教育厅等出台《山东省教育厅 山东省财务厅 关于推进应用型本科高校建设的指导意

见》，根据该文件首批评选出 22 所高校重点支持建设，菏泽学院位列其中。2020 年教育部山东省人民政府共建职业教育创新发展高地，出台了《教育部山东省人民政府 关于整省推进提质培优建设职业教育创新发展高地的意见》。2021 年山东省发布了《山东省教育厅 山东省工业和信息化厅 关于开展 2021 年度山东省现代产业学院建设工作的通知》，支持引导高校校企共建产业性学院。以共建为契机，聚焦山东经济社会发展和职业教育发展需要，努力在发展道路、发展模式、政策体系、体制机制等方面进行有益探索实践，形成可推广、可复制的经验做法。

4. 坚持目标导向

聚焦应用型人才培养目标不放松。按照共同制定应用型人才标准，共同完善人才培养方案，共同构建教学体系和教学内容，共同建设实训基地，共同组建教学团队，共同实施培养过程，共同评价培养质量，共同促进毕业生就业。立足"八个共同"的原则，持续推进校企专业合作共建。从目标定位、培养层次、专业建设、学科建设、科学研究、培养方式、课程体系、师资队伍建设、质量保障体系等 9 个方面进行转型发展。推动校企合作发展质量变革、效率变革、动力变革，助推人才培养和区域经济协调发展、高质量发展。

5. 坚持结果导向

按照"校企共建、资源共享、协调创新对接、政产学研用结合"的思路开展专业建设，以十大专业群为重点，打造了一批省级高水平应用型专业群。加大校企合作共建的深度、广度，遵循《菏泽学院校企合作专业管理办法》，严格准入制度和退出条件，努力打造校企合作升级版。学科专业建设与区域经济社会发展需求紧密对接；对校企合作的专业开展督导检查，进一步提高合作质量；以专业为依托，以理事会建设为平台，持续加强教学实训基地和产学研基地建设，整合企业有效参与专业建设、人才培养，二级学院（分校）实现理事会建设全覆盖，在此基础上，加强学校理事会建设；加大产业性学院建设力度，选择行业领头企业共建产业性学院。按照一个现代产业学院、一个研究院、一个工程技术中心、一个培训中心、一项发展基金"五个一"思路推进现代产业学院建设。依托化学化工学院，与东明石化集团有限公司共建能源科技产业学院，培养适应石油化工产业发展的应用型人才。依托政法学院，与山东明德物业管理集团有限公司共建明德现代产业学院，为物业产业发展培养专门人才。依托计算机学院，与达内时代科技集团有限公司共建人工智能学院，培养适应人工智能化发展的创新型人才。依托机电工程学院，与德国莱茵科斯特有限公司共建莱茵科斯特现代产业学院，促进机电设备制造智能化发展。依托音乐与舞蹈学院，与吉林市正青春文化传媒有限公司共建演艺现代产业学院。

依托教师教育学院，与山东鲁商教育控股有限公司共建幼教现代产业学院。依托药学院，与山东睿鹰制药集团有限公司共建制药现代产业学院。依托农业与生物工程学院，与大树集团共建大健康现代产业学院。依托数学与统计学院，与中科特瑞科技有限公司、山东水发紫光大数据有限责任公司共建大数据现代产业学院，形成校企利益共同体、合作共同体、发展共同体、命运共同体。

6. 引才入校打造人才集聚强磁场

坚持校地共享人才。搭建校地人才共享、共用、共赢政策平台。菏泽学院与市政府联合出台了《校地人才合作协议》，菏泽学院引进高层次人才享受学校、菏泽市双重优惠政策；菏泽学院引进的符合菏泽市认定标准的高层次人才，按照博士每月2 000元、硕士每月1 500元的标准给予生活补贴，连续补贴三年；按照博士5万元、硕士3万元的标准给予购房补贴；支持参与申报"泰山学者"、泰山产业领军人才、"外专双百计划"专家、市级人才工程等。政策打通后，可共享市人才待遇政策等。

坚持校企共引人才。做到编制在高校、服务在企业，实行双考核、双薪资。多措并举打通校企人才双向互通共享渠道。从睿鹰制药集团有限公司、东明石化集团有限公司、花冠集团酿酒股份有限公司等企业，柔性引进泰山产业领军人才等担任学校产业教授。聚焦菏泽"231"产业，校地企联合发力，共建生命科学研究院，学校与睿鹰制药集团有限公司共建制药现代产业学院，学校引进高层次产业专家团队，致力于药学院、药学研究院建设和发展，服务菏泽，打造北方医药城。学校实行"请进来"和"走出去"相结合，选派师资到企业挂职，双向互通共享带动企业研发资源、产业前沿技术进校园、进课堂，打破学校、行业、企业之间的壁垒，形成校企人才互惠共赢的合作模式。

7. 产教融合点燃科技研发创新助推器

按照校企共商、共享、共建原则，有10个二级学院与13家企业共建校企合作专业，不断优化协同育人机制。以二级学院理事会建设为抓手，积极搭建学用结合、校企合作平台。19个二级学院（分校）均建立理事会、校友会。设置十大专业群，对接地方十大产业，基本形成以应用型为主，与国家战略、行业需求高度匹配的学科专业体系。目前学校本科应用型专业（方向）数量超过70％。积极开展校企联动研发。基础研究、实验室小试、原型研发等前置环节在学校，产品样品试制、生产小试中试、工艺优化定型等后置环节在企业，优化技术研发全链条，助力企业可持续发展。与大树集团联合建设微生物资源库，联合申报的山东省重大科技创新工程项目"基于临床大数据和多维组学的药食同源组方及产品转化"通过评审并获批立项。与山东宇生文化股份有限公司联合申报的"菏泽非遗项目传承研究与产品研发大数据平台"获批山东省发展改革委新旧动能转换重大课题攻关项目。通过科技创新，产品研发，赋能产业，助推发展。

8. 协同赋能提升服务地方产业发展新水平

以平台建设为抓手，推进校政、校企深度合作。校地共建生命科学研究院、大健康研究院、牡丹研究院、乡村振兴学院、黄河研究院、非遗文化研究院等，与巨野县、郓城县、成武县、鄄城县政府签署全面战略合作协议，与鲁西新区共建大学科技园，与东明县政府合作，共同发展高端石油化工，推进黄河滩区高质量发展。校企共建菏泽市青山羊提纯繁育重点实验室、山东省氧头孢烯类药物工程技术研究中心，校企共建协同创新中心一个（鲁西南特色高效循环生态农业协同创新中心），推进国家联合科技攻关项目熟地黄关键生产技术优化及其产业化；开展技术研发、技术转让、技术咨询、技术服务、社会经济发展重大问题研究，加强咨政调研，新型农村社区建设助推乡村振兴、黄河流域生态保护和高质量发展等多篇调研报告得到山东省、菏泽市领导的肯定性批示，形成了《乡村振兴探究》、"中国牡丹文化大系"《人物卷》《历史卷》等一批标志性成果，"中国牡丹文化大系"丛书获牡丹文学作品金牡丹奖。

9. 产教融合校企合作助力学校取得新成效

菏泽学院持续推进产教融合校企合作，坚持校企合作多样化、多元化，推进校企合作向纵深发展。目前。63个本科专业中，校企合作学费分成共建专业比例达20％，校企共建现代产业学院7个，学校多项研究成果获省市级优秀成果一、二、三等奖。承办菏泽牡丹产业发展高峰论坛，汇集专家智慧，激发学校内生动力。获批山东省高校油用牡丹高效栽培种植青年创新团队、全国高校黄大年式教师团队；校城融合、产教融合不断深化，《光明日报》《中国教育报》《大众日报》等媒体均作了报道。

高校是数字人才培养的重要阵地，学校将抢抓机遇，充分发挥联盟智库作用，加强交流互动，主动对接国家战略和时代发展需求，加强校地校企合作，加快教育教学模式变革和人才供给侧结构性改革，培养更多更好引领数字化经济发展的人才，进一步提升高校毕业生社会竞争力。为此，要进一步深化开放活校战略，积极推进数字化＋二级学院人才培养模式变革，坚持融进去、挤进来、抬出去、笼进来、压下去、冲出来，进一步梳理数字化人才培养新思路，努力拓展数字化人才培养新路径，不断汇聚数字化人才新资源，深入推进产教融合校企合作升级版，主动搭建产教融合校企合作大平台，积极汇聚应用型人才培养高质量发展的新动能，促进产教融合校企合作大发展，为构建产教融合校企合作新格局做出积极贡献。

二、大力推进产业性学院建设的重要性

（一）建设现代产业学院是高等教育人才培养的战略发展方向

2017 年国务院办公厅印发的《关于深化产教融合的若干意见》提出，支持引导企业深度参与职业学校、高等学校教育教学改革，以多种方式参与学校专业规划、教材开发、教学设计、课程设置、实习实训，促进企业需求融入人才培养环节，鼓励企业依托或联合职业学校、高等学校设立现代产业学院和企业工作室、实验室、创新基地、实践基地。2018 年 4 月教育部提出，引导部分地方高校向应用型转变，其内涵是推动高校把办学思路真正转到服务地方经济社会发展上来，把办学模式转到产教融合、校企合作上来，人才培养重心转到应用型技术技能型人才培养及增强学生就业创业能力上来。2019 年中共中央办公厅、国务院办公厅印发的《加快推进教育现代化实施方案（2018—2020 年）》文件中提出，构建产业人才培养培训新体系，健全产教融合的办学体制机制，坚持面向市场、服务发展、促进就业的办学方向，优化专业结构设置，大力推进产教融合、校企合作，开展国家产教融合建设试点。2020 年教育部办公厅、工业和信息化部办公厅印发了《现代产业学院建设指南（试行）》，拟在特色鲜明、与产业紧密联系的高校，建设若干高校与地方政府、行业企业等多主体共建共管共享的现代产业学院。引导高校瞄准与地方经济社会发展的结合点，突破传统路径依赖，探索产业链、创新链、教育链、人才链有效衔接机制，建立新型信息、人才、技术与物质资源共享机制，完善产教融合协同育人机制，创新企业兼职教师评聘机制，构建高等教育与产业集群联动发展机制，打造一批融人才培养、科学研究、技术创新、企业服务、学生创业等功能于一体的示范型人才培养实体，为应用型高校建设提供可复制、可推广的新模式。

（二）深化产教融合是高等教育高质量发展的必然要求

培养适应和引领现代产业发展的高素质应用型、复合型、创新型人才，是高等教育支撑经济高质量发展的必然要求，是推动高校分类发展、特色发展的重要举措，是遵循"高等教育发展必须与经济社会发展相适应"这一规律的必然要求。现代产业学院逐步完成由政府举办为主向政府统筹管理、社会多元办学的格局转变，由追求规模扩张向提高质量转变，为促进经济社会发展和提高国家核心竞争力提供优质人才资源支撑，这是高等教育提高质量、实现内涵式发展的必由之路。现代产业学院紧密对接经济带、产业带，推进产学研合作办学、合作育人、合作就业、合作发展，促进人才培养供给侧和产业需求侧结构要素的全方位融合，加快培养各类卓越拔尖人才。

（三）建设现代产业学院是深化改革赋能经济发展的必经路线

2020 年开始，山东省高考实行"专业（专业类）＋学校"的志愿填报

和投档录取方式，学生根据自己的兴趣和特长，以专业为导向，先选定自己喜欢的专业，再选择高校，促进个性特长的发展，培养高水平应用型人才，更好地服务社会经济的发展。现代产业学院的建设，正是行业企业以现代产业学院为载体，与学校合作开展人才培养模式，将在企业学转变为企业独有的专用技能，在学校学转变为通用的行业知识和通用技能，既有利于降低自身人才培养的成本，又有利于提高人才培养质量，更好地服务区域经济发展。现代产业学院的模式是山东省教育改革赋能经济发展的最佳路线。启动并完善学历教育与培训并重，畅通技术技能人才成长渠道，发展以专业需求为导向，以实践能力培养为重点、以产学研用为途径的数字现代产业学院建设，有利于强化专业建设，高度符合山东省高校改革赋能区域经济发展路线。

（四）建设现代产业学院是服务区域经济发展的创新实践

菏泽学院立足建设现代产业学院，由校企共同研究制定人才培养方案，及时将新技术、新工艺、新规范纳入教学标准和教学内容，推动科学研究与区域经济发展结合，将学校教育与企业培训紧密结合。坚持立德树人根本任务，以提高人才培养能力为核心，推动学校人才培养供给侧与产业需求侧紧密对接，培养符合产业高质量发展和创新需求的高素质人才。坚持产业为要。依托优势学院专业，科学定位人才培养目标，构建紧密对接产业链、创新链的专业体系，切实增强人才对经济高质量发展的适应性。突出高校科技创新和人才集聚优势，强化"产学研用"体系化设计，增强服务产业发展的支撑作用，推动经济转型升级、培育经济发展新动能。坚持产教融合。将人才培养、教师专业化发展、实训实习实践、学生创新创业、企业服务科技创新功能有机结合，促进产教融合、科教融合，打造集产、学、研、转、创、用于一体，互补、互利、互动、多赢的人才培养创新平台。坚持创新发展。创新管理方式，充分发挥高校与地方政府、行业协会、企业机构等双方或多方办学主体作用，加强地方产业、教育、科技资源的统筹和部门之间的协调，推进共同建设、共同管理、共享资源，探索校企联合、校园联合等多种合作办学模式，实现现代产业学院可持续、内涵式创新发展。

建设现代产业学院有利于推动菏泽学院学科专业建设，加快培养高素质应用型技能型人才，服务地方经济社会发展，为高校服务地方经济社会发展做出积极贡献。

三、现代产业学院建设任务

构建"共享联动、设施一流、凸显应用、服务产业"的应用型人才培养模式，共同打造产教融合的新模式，校企双方结合各自资源优势及区位优势，按照"八个共同"原则共建现代产业学院。

（一）创新人才培养模式

根据地方企业及产业的人才规模需求和人才质量需求，深化拓展与地方行业企业的战略合作，创新校地、校企合作模式和对接落实机制，主动融入地方产业行业转型升级和创新驱动发展，建设服务地方产业的共性技术研发中心，促进科技成果转化和产业化，助力地方行业产业发展。以经济社会发展和岗位需求为导向，以学生学习能力持续改善为主线，深化产教融合、校企合作，与现代产业学院所服务的地方企业共同制订人才培养方案、共同开发课程资源、共同实施培养过程、共同评价培养质量，对人才培养规格、课程体系、教学内容、教学方式和学生学业考核评价方法等进行重构。

围绕应用型人才培养目标，落实立德树人的根本任务，根据"一体两翼三经五纬"人才培养模式改革总体设计，实施"三全育人"和"五育并举"育人模式，全面落实"一二三四五"育人方略，以地方需求为服务目标，按照"校地共建、资源共享、协同创新对接、政产学研用结合"的要求，突出内涵式高质量发展转型发展，建立以提高实践能力为引领的人才培养流程，实现专业链与产业链、课程内容与应用型人才标准、教学过程与生产过程的对接，建立产教融合、协同育人的人才培养模式和信息化、数字化、智能化教学平台，满足应用型人才培养和应用型本科高校建设需要，全面提高人才培养能力和水平，切实保障应用型人才培养质量。

（二）提升专业建设质量

专业建设坚持以"学生中心、产出导向、持续改进"为基本理念，以培养目标与培养效果的达成度、专业定位与社会需求的适应度、教师及教学资源的支撑度、质量保障体系运行的有效度、学生和用人单位的满意度为主线，强化特色专业建设，凝练发展方向，打造发展优势，形成发展亮点，实现"一品牌一特色"建设目标。

根据国家地方产业发展需求，紧密对接服务企业的产业链，统筹管理服务同一产业链的若干关联专业，加强专业群的校企共建共管，重点建设与地方产业关系密切，同时特色鲜明的专业群，做精做强主干专业，做活做亮相关专业，力求将专业群培育成面向地方产业行业发展的国家级或省级一流特色优势专业，促进教学改革、科研和产业的发展；加强教师队伍的建设，进而带动和促进二级学院教育质量、科研水平及整体实力的提高，通过专业群的示范引领作用，共享其优质的教学资源，带动其他新兴专业的发展，催生地方新兴产业，促进学校专业建设的整体推进，逐步建立健全应用型专业群教学质量保障体系。与地方企业开展横向课题研究，积极探索先进技术辐射扩散和产业化的新途径，不断提升学校服务地方经济发展的能力。

（三）开发校企合作课程

注重培养学生的应用能力和创新创业能力，整合专业基础课、专业课、专业技能应用和实验实践课，形成突出实践能力培养的应用型课程群或课程模块。根据现代产业学院所服务的企业需求进行课程改革、设计课程体系、优化课程结构，推动课程内容与职业标准对接，建设一批校企合作课程。申报获批省级一流课程，力争获批国家级一流课程。与行业企业共同实施以解决实际问题为导向和以学生为中心的启发式、合作式、项目式教学模式。改革实践教学内容、方法和手段，把行业企业技术革新项目作为应用型人才培养的重要载体，把企业的一线需要作为毕业设计选题来源。

（四）打造实习实训基地

为深化产教融合，校企合作，着力构建"融合发展、全面合作、协同提升、共促跨越"的体制机制，为深入推进融合发展，促进共建共享，构建功能集约、资源共用、开放充分、运作高效的实验教学环境，采取引企驻校、引校进企、校企联动等方式，统筹校企各类实践教学资源，与合作企业共建集实践教学、科技研发、生产实习、培训服务等多位一体的实习实训平台。将产业元素有机融入专业教学，统筹兼顾课程要素和生产要素，共同构建实践教育体系和生产性实训基地，营造实践应用和技术开发工作环境，共建省级工程实习实训基地，结合专业方向的发展要求，建设若干个高水平的校外实习实训基地，搭建服务地方产业的合作平台，加快融入地方经济社会发展。

（五）建设高水平师资队伍

加大校内教师转型力度，有计划选送专任教师到地方龙头企业接受培训、挂职工作和实践锻炼。加强教师分类管理，改革教师评价体系，合理设置不同类型的教师岗位，引导教师向"双师双能型"转变。同时不断完善"双师双能型"专兼职教师引进、认证与聘用机制，有计划选送专任教师到企业接受培训和实践锻炼，聘请企业资深专家、技术骨干和管理专家担任专兼职教师，聘请现代产业学院所服务的行业企业的高级工程技术人员为学生授课，共同为菏泽学院联合打造一支高水平师资队伍。

（六）搭建产学研信息化服务平台

为适应未来社会、国家发展战略和地方经济发展需要，集聚多方办学资源，充分发挥企业资源优势，引进企业研发平台、技术人才和示范应用基地，联合行业协会、科研机构（院所），依托现代产业学院，搭建信息化、数字化、智能化服务平台，以大数据服务平台为载体，校企双方深度融合，选派核心骨干工程师以及青年教师共同打造具有"专业化、职业化和市场化"特征的若干富有活力的高水平应用型研发团队和技术创新团队，强化科技创新能力，围绕地方产业发展，着重进行应用技术开发和高端应用研究，共同取得标志性成果，面向高校、地方城市提供技术咨询、系统研发和设计服务，助力地方新旧动能转换与产业提质培优，助力企业高质量发展。

抢抓菏泽为山东省四个创新实验区的重大机遇，用好国家及省市级有关利好政策，积极争取政府支持，建设高标准技术培训中心，以"需求导向、多元主体、共建共享、国际先进、技术领先"为原则，面向地方校企和相关机构提供培训服务，实施联合培养、订单培养模式，打造地方"人才资源汇集地"，走高质量应用型人才培养和培训相结合发展之路。依托合作企业的工程经验和双方的人才优势和研发优势，校企双方积极申报省部级及以上项目、课题、平台。

第六节　突出重点推进牡丹产业化发展

针对牡丹产业结构不优，优良品种欠缺，新品种选育、高产高效栽培技术、切花保鲜发掘不够，科技创新不足，高端品牌少，市场开拓不够等问题，实行种植、加工、销售一体化推进，三产融合发展，开发并创新牡丹籽油、牡丹精油、牡丹食品、牡丹瓷器、牡丹画、牡丹化妆品等牡丹深加工产品和文创衍生品，进一步加大研发推广力度，坚持市场导向、适应市场需求，坚持企业主体、突出特色品牌，坚持政府扶持、实行多元化投入，坚持科技创新、推进产学研用结合，通过科技创新，构建研发、示范、推广的产业链条，赋能产品价值、提高产品附加值，提高市场化运行程度，不断推进产业结构优化升级。

一、明确牡丹产业发展要突出五大重点、三个结合

牡丹产业发展必须突出重点，实现重点突破，要突出市场培育、科技研发、品牌打造、链条延伸、政策支持这五大重点。发展牡丹产业要突出三个结合：牡丹产业与致富惠民相结合，带动农民增收致富；牡丹产业与园林提升和生态宜居城市建设相结合，在园林城市中融入牡丹元素；牡丹产业与文化旅游相结合，提升牡丹文化底蕴。

二、牡丹产业发展存在的问题

（1）大田牡丹产量不能满足工业化生产需要。菏泽牡丹种植历史久远，与其他地区比田间管理比较规范，但离精细化标准要求还有差距，牡丹籽单产和总产量都较低，无法满足大规模工业化生产需求。关键原因是市场开拓不够，品牌效应不够，产品附加值有待提升，还没有真正实现三产带二产，二产促一产。

（2）牡丹产业处于产业发展的初级阶段。牡丹产业起步早，但作为新资源

食品时间短，2011 年有了政策背书，才开始全面发展。目前仍处于产业规模小、产业结构不完善、市场开拓和产品宣传不到位，市场化程度低的阶段，尽管菏泽牡丹占据了全国的半壁江山，拥有很好的优势条件，但牡丹产业发展还处于发育阶段，还没有达到成熟发展阶段。

（3）科研创新推动牡丹产业新质生产力发展任重道远。提高牡丹产品附加值，推动产品升级换代，需要科技支撑，需要科研队伍支撑。目前，牡丹专业性科研机构少，科研资源少且分散，高层次牡丹专业性团队少，科研力量相对薄弱，科技力量和资金投入不足，因此，深入挖掘开发牡丹的应用潜力，在诸多环节实现创新突破，聚焦产业化关键技术，不断拓展其应用领域，提高其产品商品价值、经济价值、市场价值迫在眉睫。

（4）牡丹化龙头企业少，引领带动力有待提升。市场主体较小，牡丹龙头企业少，大企业参与牡丹产业发展的积极性不够高。分析原因可能是牡丹种植没有列入我国植树造林补贴范围，牡丹籽油没有列入我国食用油战略储备计划，牡丹籽油加工企业没有享受补贴政策。牡丹企业普遍规模偏小，融资能力有限，自主创新能力不足，资源综合利用水平较低，销售渠道不畅，市场开拓不够，存在低水平同质化竞争的问题。发挥菏泽自身优势，保持牡丹产业在全国的领先优势，需要加强政府引导，激发社会力量参与，注重盘活存量，强化引进增量，需要党委、政府、企业、社会力量、高校科研院所等形成合力，持续发力。

（5）与牡丹产业发展配套的相关政策制度有待完善。目前，油用牡丹深加工和综合利用仍处于发展的不成熟期，亟须加强科技支撑和资金投入，加快相关产品技术流程的开发、完善，出台与产业化发展相适应的配套政策，从良种良法的研发推广，到牡丹产品的研发，原料的综合利用，加强政府主导，通过政策支持，引导牡丹产业化持续健康发展。

三、加快牡丹产业化发展

世界经济的发展为花卉业的发展提供了有利的发展契机，进入新时代，花卉业呈现出新的变化趋势。花卉产品越来越呈现出优质化、高档化、多样化；花卉生产越来越呈现出专业化、工厂化、现代化，花卉科研的系统化、生产衔接的紧密化、产业发展的集群化，产品销售的信息化、智能化、国际化。油用牡丹发展必须适应并引领国际花卉产业发展大趋势，为油用牡丹产业化高质量发展做出更大贡献。

（一）聚焦牡丹产业标准化，推进牡丹产业标准体系建设

依托现有科研力量，全面梳理目前取得的科研成果，建立牡丹产业标准体系，制定从种苗繁育、品种鉴定、商品检验、大田种植、生产加工到市场营销等的国家技术标准，占据发展高地。注重良种选育，培育结籽量大、出油率

高、适应性广、生长势强的油用牡丹品种，开展良种标准化育苗、种苗质量评价、栽培管理技术等集成创新，实现良地、良种、良法有机统一，形成产业化生产的配套技术，推进规模化、机械化、现代化生产。

（二）推进牡丹加工产业集群建设及发展

1. 加强基地建设，推进专业化生产

按照产业链、产业带、产业群的建设思路，优先支持区位条件优、发展基础好、技术力量强的牡丹籽油核心产区，坚持扶优、扶大、扶强，大力扶持龙头企业，提高产业集中度。依托菏泽市国家牡丹农业科技园区，建设牡丹产业深加工园区，形成聚集效应，推动牡丹深加工企业的招商引资工作。

2. 推进牡丹原料加工项目的建设

积极开发牡丹籽油产品精深加工技术、方法，改进和完善工艺流程，解决高效利用油料加工副产品问题。从国家、省级、市级层面，为高效利用油料加工副产品提供政策支持。从企业和科研院所层面，研发和创新牡丹精深加工系列工艺技术。坚持跨界融合、创新发展，组织跨学科、跨领域科研团队，建立专家、技术人员、基地、企业参与的科技创新体系，坚持市场需求导向，提高科研成果转化率，推进牡丹产业又好又快发展。引导牡丹生产企业与中国牡丹应用技术研究院等科研机构合作，充分发挥院士工作站技术指导作用，重点发展牡丹籽毛油、丹皮、花瓣与花蕊，以及食用菌培植原料等初加工产品，为牡丹商品提供原辅材料，建立牡丹初加工产品的等级分类和用途分类体系，以及相应的技术标准。提高牡丹籽毛油、花瓣、花蕊和丹皮的生产能力，培育出更多专业生产企业，形成规模超过 50 亿元的原料供应市场，建成我国最大的牡丹原料生产基地。

3. 推进牡丹高端食用油加工项目的建设

引导牡丹生产企业与中国牡丹应用技术研究院等科研机构合作，充分发挥院士工作站技术指导作用，重点开发具有提高免疫力、促进妇婴体质发育、促进青少年脑部发育、促进老年人改善记忆和消除疲劳等功能性高端食品。提高牡丹精品油的生产能力，培育出更加专业的生产企业，形成规模超过 100 亿元的牡丹食用油市场，建成我国最大的牡丹食用油生产基地。

4. 推进牡丹功能性食品和药品制造项目的建设

大力推进牡丹在功能性食品和药品领域的应用，引导牡丹生产企业与牡丹应用技术研究院合作，充分发挥院士工作站技术指导作用，开发预防心脑血管疾病、降血压、降血脂、降胆固醇、保肝护肝、提高免疫力、抗衰老、改善记忆力、预防老年痴呆等功能性保健食品与药品。

5. 推进牡丹美容护肤产品制造项目的建设

建设牡丹食品与药品市场，建成我国最大的牡丹食品药品生产基地，大力推进牡丹在高端美容护肤领域的应用，引导牡丹生产企业与中国应用技术研究院等科研机构合作，充分发挥院士工作站技术指导作用，开发具有祛斑、保湿、护肤、护唇、防晒、抑菌消炎等功能性美容护肤产品。培育多家专业生产企业，形成规模超过 50 亿元的牡丹日常护肤市场，建成我国最大的牡丹日化美容护肤产品生产基地。

6. 推进牡丹衍生品加工制造项目的建设

大力推进牡丹衍生品的开发，以菏泽巨野县牡丹书画基地为基础，促成牡丹生产企业与中国牡丹应用技术研究院等科研机构合作，重点开发各类牡丹礼盒、手绘丝巾、旗袍、居家饰品、装饰品、芳香剂、折扇、陶瓷，以及雕塑、雕刻、书画、剪纸等衍生文旅产品。学习借鉴发达地市的成功做法，培育多家专业生产企业，形成规模超过 20 亿元的牡丹衍生文旅产品市场，建成我国最大的牡丹衍生文旅产品生产基地。

（三）推进牡丹文化旅游集群建设

依托牡丹的生态优势、文化内涵，大力发展牡丹文化旅游，建设牡丹文化旅游产业集群。在深入挖掘菏泽牡丹、黄河和历史等文化资源的基础上，通过"大作品表现、大集团运作、大景点支撑、大服务引领、大活动汇聚"等五大战略，将山东旅游产业主题从"一山、一水、一圣人"变为"一山、一水、一花、一圣人"，打造总产值达到 200 亿元以上的牡丹文旅产业集群，带动菏泽市文化与旅游业的全面发展，形成"全时、全域、全产业链"的发展格局。以京九高铁为契机，做足高铁文章，使菏泽成为全国重要的旅游节点城市，吸引各地的旅客旅游消费。

1. 推进提升改造曹州牡丹园建设

以世界级的牡丹花城，国际级的牡丹花园为目标，错时、错品种、差异化发展，打造全季、全天、全龄、全空间的多维空间牡丹文旅小镇，实现一年四季有花，天天有游客，把曹州牡丹园建设成为集牡丹观赏、旅游、科研、康养、休闲娱乐、产品体验于一体的城市靓丽名片，成为推动牡丹产业快速发展的新引擎，成为牡丹文化旅游的新高地。

2. 推进牡丹文旅产业识别体系的建设

通过全球有奖征集的方式，设计"菏泽牡丹"形象图案和整套视觉识别系统，在取得广大群众对牡丹产业发展共识的基础上，达到提高和扩大菏泽牡丹与城市知名度的目的。在各旅游景点、窗口单位、服务行业及各类活动，规范使用"菏泽牡丹"标识，打造菏泽牡丹文旅产业的新标签。

3. 推进牡丹园林集群的建设

在确保科研、种苗繁育和产品深加工的基础上，改造和提升曹州牡丹园、古今园、凝香园、天香公园、中国牡丹园、国花牡丹园、尧舜牡丹产业园、瑞璞神农牡丹产业园、冠宇牡丹园、环堤公园、赵王河公园、天草药业牡丹园等现有牡丹园林，达到国家级牡丹园林的标准，使之成为菏泽市文旅产业承载基础。聚焦牡丹园林集群建设目标，在菏泽每个区县和中心镇都要建设一座牡丹园林，打造世界最大的牡丹园林群落。

4. 推进现有文旅设施牡丹元素的植入

（1）重点对冀鲁豫边区革命纪念馆、曹州书画院、中华祖源景区、中国临济文化园、浮龙湖旅游度假区、穆李村文化风情园、东明黄河森林公园等公园和旅游景区（点）进行升级改造。

（2）重点打造黄河故道生态旅游产业带。坚持绿水青山就是金山银山理念，实施文旅融合，生态优先发展。建设郓城水浒好汉城和浮龙湖生态文化旅游产业园，促进旅游产业带相互衔接，旅游链条不断延伸，聚力打造黄河故道生态旅游产业带，让黄河故道在新时代焕发新的生机活力，造福沿黄区域百姓。

（3）增加牡丹元素、提升城市文化与旅游的承载能力。让牡丹元素融入城市发展的血脉之中，让牡丹成为菏泽的重要代表符号，成为菏泽这座城市的重要标签，让牡丹香飘四海，美誉全球，在提升城市文化与旅游中发挥重要作用。

5. 推进"牡丹农庄"的建设

鼓励菏泽市各区县乡镇街道，利用适合的边角荒地、农业设施用地，或者改造现有农家乐，建成若干个集牡丹观赏、美食鉴赏、知识普及、摄影绘画、乡村文艺演出、手工艺品制作、休闲娱乐，以及住宿等功能于一体的农业休闲旅游基地，形成一庄一特色的牡丹农家乐体系，促进乡村振兴战略的实施。

6. 推进牡丹景观大道的建设

在菏泽交通主干道、主河道两侧，建设多条牡丹生态景观带，沿牡丹区国花大道北侧建 100 米的牡丹观赏带。坚持绿色生态，突出牡丹元素，体现牡丹主题，致力于生态城市建设，利用沿街商业用房打造以牡丹为主题元素的休闲购物美食步行街，为广大市民、游客休闲与购物提供好去处。

7. 建设牡丹健康小镇和运动小镇

围绕曹州牡丹园提升改造七里河湿地公园，建设健康小镇和运动小镇，突出牡丹、健康、生态、休闲和运动等五个主题，拓展牡丹生态休闲和旅游观光功能。健康小镇以满足老年人的休闲养生和康复疗养需求为重点，积极发展自助养老社区、度假养生公寓等养老机构，建设具有牡丹特色田园风光的颐养新村，开发多层次和多样化的养老服务市场，打造健康养老产业集群。运动小镇以满足户外运动爱好者和青少年的运动与娱乐需求为重点，发展安全教育、野外生存、房车露营、群众活动和极限运动等基地，打造休闲与健康运动的承载基地。

8. 促进全市对牡丹元素的使用

在菏泽全市行政边界的道路入口处、车站与码头，设立标志性牡丹艺术作品。在全市的街边绿化带、十字路口环岛、社区公园和公交站点等地方，设立各种牡丹艺术作品。在全市范围内，建设牡丹雕塑公园、牡丹雕塑大道等。鼓励全市服务行业的从业人员，穿着拥有牡丹元素的服饰。

9. 推进牡丹影视剧的拍摄

（1）拍摄时代主旋律电视连续剧。牡丹是繁荣昌盛的象征，牡丹花大色艳、富贵吉祥。通过牡丹产业脱贫致富的现代农村励志故事，倡导勤劳致富，弘扬高尚道德，赞美和谐盛世，达到宣传菏泽、赞美菏泽的目的。

（2）排演大型室外情景剧、深入挖掘尧舜的经典历史与神话故事，通过牡丹传奇故事，抓住游客的猎奇心理，打造游客必看的标志性娱乐节目，满足夜晚文娱活动需求，形成"白天赏花、晚上看戏"的文化旅游格局，达到弘扬高尚品德、推崇和谐盛世的目的。情景剧常年在曹州牡丹园内演出，吸引国内外游客观看。

10. 办好世界牡丹大会

积极做好世界牡丹大会各项工作，以"交流、合作、发展、共赢"为主题，举办国际牡丹产品博览会，召开牡丹种植、品种繁育、切花、反季节栽培技术、牡丹加工技术、文化旅游、牡丹产业投融资与国际合作等内容的高峰论坛会。

11. 高标准办好菏泽牡丹文化旅游节

在每年4月1日~5月31日期间，举办菏泽牡丹文化旅游节，每届历时30天，在高标准提供赏花服务的同时，举办菏泽七里河汽车越野拉力赛、牡丹汽车展、牡丹湿地汽车露营、牡丹旗袍大赛、牡丹插花艺术展、牡丹美食节、牡丹形象代言人选拔赛、牡丹之都武术表演等系列文化旅游活动。

12. 打造菏泽牡丹两日游

丰富完善牡丹游特色产品，打造牡丹精品两日游线路。加强旅游基础设施建设，将菏泽宾馆、餐厅、购物商场、休闲步行街、推广企业等分批纳入牡丹旅游购物体系当中。加强与大城市特别是周边核心城市旅行社合作，强化宣传营销。企业给予旅行社一定的补贴，政府给予企业一定的扶持。

（四）推进牡丹国际商品大市场建设

利用现有资源，建设菏泽牡丹国际商品大市场，分为牡丹种苗与原料、牡丹花卉和牡丹商品等三个展区，经营范围包括牡丹优质种苗、牡丹籽、牡丹毛油、丹皮、牡丹花瓣、牡丹花蕊、牡丹反季节栽培技术、牡丹鲜切花、牡丹商品与衍生品，以及牡丹栽培、储运设备与用具、肥料等，形成特色明显、功能完善（商品展销、网上交易、结算、仓储物流、通关报关、质量监督、贸易融资和质量追溯等）、规模大、实力强、辐射面广、知名度高，年交易额达到200 亿元以上的国际化市场体系。

（五）推进菏泽牡丹大数据中心建设

运用大数据技术平台，采用新质生产力，积极发展牡丹产业，主动与菏泽市大数据局对接，设立独立的菏泽牡丹产业数据，通过"互联网＋"、大数据和云计算，定期收集和汇总全世界特别是菏泽市牡丹产业发展的基本数据，通过大数据分析后，指导菏泽市牡丹产业的有序发展。

（六）推进牡丹商品销售体系建设

（1）利用现有的天华电商产业园等电商产业园区，建设中国牡丹商品物流园，承担牡丹商品的网络销售、牡丹产品进出口、仓储物流，以及牡丹产业创新创业等职能。同时，提升和改造现有的电商物流园，作为中国国际电商物流园的分园，进行授权和挂牌管理。

（2）组建混合所有制的菏泽牡丹商贸物流有限公司。负责带动牡丹商品国内范围的推广和销售工作，力争到 2024 年，以直营和加盟的方式，在全国开设的"菏泽牡丹精品连锁超市"（含加盟店）超过 1 000 家，并在京东商城、天猫商城和苏宁易购上开设"菏泽牡丹旗舰店"，形成线上和线下相结合的牡丹商品销售渠道。

（3）组织牡丹企业在全国范围内举办系列"菏泽牡丹商品品鉴会"活动，发展全国销售代理商，加强牡丹商品在全国各大型卖场中的销售，提升牡丹与品牌知名度。

（4）拓展国内国际牡丹商品市场。组织牡丹企业参加国内和国际相关博览会，寻找国内和国际客户，通过代加工等形式，拓展国内国际牡丹商品市场。

（七）推进牡丹产业孵化平台建设

引进包括中关村领创空间科技服务有限责任公司在内的知名"双创"孵化机构，借助其人才、技术与企业资源优势，建设菏泽牡丹"双创"基地，开展牡丹产业的创新与创业活动。鼓励各类企业与资本，利用现有的产业园、电商物流园、牡丹园林场地，创建各类牡丹创新创业基地。促进"双创"企业，通过原始设备制造商（OEM）/原始设计制造商（ODM）销售合作等方式，与牡丹生产加工企业紧密结合，解决产品生产与供应的问题。

（八）加快中国牡丹国际博览中心和牡丹国花馆建设

利用现有设施，规划建设中国牡丹国际博览中心和牡丹国花馆，承担全国牡丹产业优秀科技与发展成果展示。承担牡丹苗木、牡丹花卉、牡丹商品和牡丹衍生品的展览展销，牡丹学术交流、企业投融资对接、新闻发布等事项。

（九）推进中国牡丹科技人才培训基地建设

由菏泽学院、菏泽职业学院牵头，联合中国牡丹应用技术研究院，充分发挥院士工作站技术指导作用，共同建设中国牡丹人才培训基地，主要承担新品种培育、精细化种植管理、应用技术、加工工艺、旅游管理、乡村规划与建设、企业管理、市场营销、电子商务和牡丹艺术等实用型技术的培训。培训基地采取学历教育与技能实训相结合的方式，为全国的相关科研院所和企事业单位培养牡丹科技人才。积极开展牡丹技术国际交流活动，选派科技人员出国深造，引进国际牡丹科技人才来菏泽工作。

（十）推进牡丹品牌工程建设

1. 大力推进牡丹品牌培育工程

建立菏泽市著名品牌的评价体系，开展牡丹品牌的评定工作，对于符合条件的品牌颁发"菏泽市著名牡丹品牌"荣誉证书。支持牡丹企业申请山东省著名商标和中国驰名商标的申请认定工作，对获评企业给予一定的奖励。在加强企业"三品一标"认定工作力度的基础上，充分利用"菏泽牡丹原产地"（2002 年通过）、"中国牡丹城"（2006 年评）和"中国牡丹之都"（2012 年命名）等殊荣，为牡丹产品和企业提供信用认证。对于通过质量检查的产品和企业，在可追溯体系管理下，企业可申请使用"菏泽牡丹"标识。

2. 加强标准建设

强化企业开展牡丹种苗、种子、反季节栽培、芍药切花、丹皮、花蕊、花瓣、牡丹（芍药）商品和衍生品的商标注册、运用、保护和管理工作。积极鼓励企业制定牡丹产品企业标准，并进一步上升为行业标准，支持企业对接国际标准。

第七节　以法治建设推进乡村振兴

认真贯彻全面依法治国基本方略，协调推进"四个全面"战略布局。全面依法治国是一场国家治理的深刻革命，是推进国家治理体系和治理能力现代化的重要保障。我国是农业大国，大部分人口在乡村，推进中国式现代化和依法治国最大的短板在乡村，最大的难点也在乡村。探寻乡村振兴战略下法治乡村建设路径针对性强、应用性强、实践性强，有很好的法律实践价值，有利于持续推进乡村法治实践建设，进一步提高乡村居民法律意识和法律素养，加强和完善乡村法治文化建设。一方面，作为基层社会重要组成部分的乡村，是全面依法治国的重点，其治理模式法治化的质量和成效，在很大程度上影响着全面依法治国基本方略的进程。另一方面，乡村振兴战略的实现同样需要乡村治理法治化做保障。新时代、新征程、新挑战要求我国必须推进全面依法治国，夯实法律建设的基石。2020 年 3 月，中央全面依法治国委员会印发了《关于加强法治乡村建设的意见》，提出到 2035 年法治乡村基本建成，乡村治理体系和治理能力基本实现现代化。2021 年 6 月 1 日，《中华人民共和国乡村振兴促进法》正式施行，依法保障乡村振兴，从更高水平推进法治乡村建设。

一、调研情况

从调研情况来看，司法行政系统发挥职能作用，创新各项举措，有效推进法治乡村建设，助力乡村全面振兴，助力打造乡村振兴齐鲁样板。法治乡村建设有序推进，涉农领域立法不断完善，涉农行政执法日益规范，司法保障取得进步，农村民主法治建设取得可喜进展。法治乡村建设是推进乡村振兴战略的重要任务，是推进全面依法治国的重要环节。通过对乡村法治建设的深入调研，对当前乡村法治建设的现状、面临的问题、对策进行分析，为乡村法治建设提供理论和实践支撑。

二、法治乡村建设存在的问题与成因分析

乡村法律普及不到位，村民法律意识淡薄。执法队伍建设水平有待提高，服务力不强。涉农领域立法有待完善，有的方面存在短板。涉农行政执法有待完善，司法保障有待提升。乡村法治环境有待完善，典型示范引领不够。乡村法治建设任务艰巨，依法治理任重道远。

原因分析：农民的乡土性决定了思想观念的传统性、习惯性、保守性。执法人员素质参差不齐，执法力量不足。无论是乡村群众，还是执法队伍，都存在对新发展理念理解不深不透的问题，在具体实践中缺乏相关的专业认知、法律认知，造成队伍建设难度大，困难多，出现执法水平不高，服务力不强等问题；基层组织法治建设薄弱环节多，诸多问题亟须破题。从村级依法治理机构看，一些农村基层干部法律知识储备不足，法律素质偏低，依法治理水平不高、能力不强。从群众来看，法律意识淡薄，用法意愿低，依法维权意识差。从具体实践看，农村矛盾冲突频发，存在用法难、执法难的问题。依法维权程序多、耗时长、费用高，无法获得有效及时的法律援助，陷入有法难用的困局，遇事找关系，缺乏运用法治思维和法治方式的思想和行动自觉。从宣传角度看，存在宣传内容泛化，针对性不强的现象。

三、对策措施

1. 以法治推进乡村振兴齐鲁样板提档升级

强化法治理念认同，发挥法治的导向作用。树立法治理念，增强法治精神，拓展法治功能，突出法治地位，体现本源价值，发挥法治的引领、规范、保障作用，增强法治治理的思想自觉、行动自觉。

2. 以完善涉农领域立法加强法律制度建设

从立法、执法、司法、守法、普法、组织保障等法治视角，推进乡村治理生态损害适用刑事制裁、民事赔偿、生态补偿等多元化责任承担方式。加快推进乡村振兴地方立法工作，加强生态保护和污染防治，加强水资源节约利用，推进乡村法治建设不断走向深入。

3. 以践行生态法治思想促进乡村振兴高质量发展

注重乡村绿色发展，农业种植业要避免土壤污染、水污染，坚持绿色化、有机化、生态化和地理标志认证；农产品加工要实行绿色加工行动计划。要发展绿色农业机械，进一步提高农业机械发展质量和水平。工业发展要注重加强绿色低碳产业集群发展。

4. 以健全法律服务体系提高精准服务水平

建立健全监督机制，优化法律咨询服务，建设法律服务中心，促进乡村法律服务网点建设，提高智能化建设水平，为群众提供精准、快捷的服务。

5. 以建设高素质执法队伍提高执法效能

加强法律知识普及，提高执法人员和农民法律素养，建设高水平执法队伍，提高依法办事能力，提升执法质量和水平，有效化解矛盾和冲突。

6. 以推进乡村基层组织建设提高治理水平

加强基层干部的选拔和培训，推动基层治理能力建设，发挥村干部和乡村社会组织的作用，快速解决农村纠纷，维护社会稳定。

7. 以新质生产力创新发展路径

运用新质生产力催生的新技术、新业态、新模式，融入乡村"五大振兴"中，形成乡村产业、人才、文化、生态、组织振兴新优势，实现乡村振兴齐鲁样板提档升级。

第三章　牡丹产业链条新拓展

第一节　药用牡丹

牡丹自古以来就有入药的传统，以其根皮生产的药材称为"牡丹皮（丹皮）"，具有清热凉血、活血化瘀等功效。《神农本草经》《本草经集注》《本草纲目》等多部医学古籍中均对丹皮的药用价值有过详细描述。现代医学研究表明，丹皮中最主要的药用成分为丹皮酚，它的含量多少直接影响着丹皮的药理与药效。药用牡丹的栽培主要分布于安徽铜陵凤凰山一带、亳州、重庆垫江、山东、湖南、四川等地。铜陵、亳州、菏泽和洛阳曾为历史上中国的四大丹皮道地产区。《中药大辞典》记载："安徽省铜陵凤凰山所产丹皮质量最佳，故称'凤丹'"。民国初期，铜陵丹皮的生产更是达到了鼎盛，成为了当地药农的主要经济来源。在 20 世纪 50 年代以前，凤凰山的药农严格控制牡丹种苗外流，对其栽培技术也严加保密。直至 20 世纪六七十年代，在"南药北移"等思想指导下，开始向全国 20 个省（自治区）（除西藏、海南、黑龙江）的 571 个市县调拨大量牡丹苗，以扩大全国药用牡丹的种植。其中重庆垫江、山东菏泽、湖南邵阳均对铜陵凤丹有所引种。目前，菏泽、洛阳多以生产观赏牡丹为主，而铜陵和亳州仍以丹皮生产为主。

第二节　油用牡丹

20 世纪六七十年代，山东菏泽的花农偶然发现牡丹籽中具有丰富的油性物质，受限于当时落后的压榨技术与制备工艺，榨出来的牡丹籽油口感和食用性较差，没能引起外界广泛关注。1997 年菏泽牡丹专家赵孝庆认识到了牡丹籽油及其潜在的开发价值。他于 2002 年成立世纪牡丹园艺公司，正式开始油用牡丹的研究与开发。2006 年，赵老师将压榨出来的牡丹籽油送到中国林科院进行分析，化验结果显示牡丹籽油中不饱和脂肪酸含量高达 92.26%，且富含 α-亚麻酸、α-亚油酸、牡丹甾醇等重要的生物活性物质。其中 α-亚麻酸含量高达 40% 以上，α-亚麻酸是构成细胞膜和生物酶的基础物质，是脑细胞和视网膜的重要成分，对促进婴幼儿大脑发育和防止老年痴呆具有一定作用，是人体不可缺少又必须从食物中摄取的不饱和脂肪酸。此外，牡丹籽油的其他成分多项指标超过橄榄油，被有关专家称为"植物油中的珍品"。牡丹籽油被批准为新资源食品，标志着牡丹籽油正式成为我国食用油大军中的一员。2014 年《国务院办公厅关于加快木本油料产业发展的意见》将油用牡丹与油茶、核桃等木本油料一同列入了发展规划，又一次推动了我国油用牡丹产业的发展。截至 2019 年 6 月，全国油用牡丹种植面积约 160 万亩，牡丹籽年产量24 000万千克，牡丹籽油年加工能力2 000万千克。

第三节　切花牡丹

近些年来，牡丹鲜切花作为一种高档次的花材，愈发受到国内外消费者的青睐。品种选择是切花生产的基础，据《中国牡丹全书》上描述，优秀的牡丹切花品种应具备 4 个特点：一是生长健壮，成枝率高且当年生花枝生长量大；二是成花率高，花形端正，花色艳丽，最好有芳香的气味；三是花枝直立坚挺，花朵大小适中，花瓣化程度不应过高，花瓣质地硬；四是切花具有较好的耐贮藏性、货架寿命及瓶插寿命长。中原牡丹品种丰富，但真正符合以上条件的并不多，目前生产上用于切花的有二乔、景玉、紫二乔、层中笑、状元红、迎日红、如花似玉、银红巧对、红霞争辉、豆蔻年华等。此外，一些日本品种也有较好的综合表现，如新七福神、新日月锦、芳纪等。还有近年来逐渐升温的伊藤牡丹品种群，也被作为新的切花类型大量引种栽培。

第四节　盆栽牡丹

黄岳渊曾在《花经》中写到"民国二十五年冬，予将牡丹栽于深泥盆中，灌以清水，翌春盆盆开花，夏秋间枝叶亦颇挺秀。由此可见，牡丹亦可盆栽也"。盆栽花卉本身就有着不受观赏空间限制、移动运输方便、布置摆放灵活等优点，加之牡丹雍容华贵的姿态以及"富贵吉祥"的美好寓意，盆栽牡丹常被用来装点生活或出现在重要的会展中。20 世纪 80 年代开始，中国正常花期盆栽牡丹刚刚兴起，随着居民生活水平的提高、花期调控技术的发展以及电商的兴起，越来越多的盆栽牡丹走进人们的生活。广义的催花牡丹包括促成栽培和抑制栽培。促成栽培，即使牡丹早于正常花期开放，如在元旦、春节等上市的盆栽牡丹多为促成栽培；抑制栽培，即人为地使牡丹在自然花期后开放。我国古代就有曹州花农南下广州进行异地催花销售的记载，俗称"下广"。1978年春节，在澳门举办的"中国牡丹花展览会"上，2 000盆曹州牡丹经花农的精心管理，准时开放，雍容华贵的牡丹吸引了40万观众，被誉为"牡丹盛会四百年首见"。20世纪90年代，花卉工作者开始研究如何让牡丹延迟开花，并取得了牡丹夏季开花的初步成功。如今，在普通栽培的基础上，综合促成栽培和抑制栽培技术，已经实现了牡丹四季绽放，国内一些大型盛会上总能看到牡丹盆花的倩影。

第五节　牡丹深加工的应用

据史料记载，真正的食用牡丹始于五代。《复斋漫录》中记载："孟蜀时，兵部尚书李昊每将牡丹花数枝分遗朋友，以兴平酥（兴平地方的一种糕点）同赠。清《养小录》载："牡丹花瓣，汤焯可，蜜浸可，肉汁烩亦可。"大量研究结果表明牡丹花瓣无毒且营养成分丰富，富含多种氨基酸、维生素以及人体必需的微量元素，以及棕榈酸、油酸、亚油酸、亚麻酸等高级脂肪酸，花青苷、黄酮醇等黄酮类物质。虽不同品种间各营养成分含量有所差别，但总体来说，牡丹花瓣是非常好的天然营养保健产品资源。以牡丹新鲜花瓣为原料经过揉搓、加糖、发酵等程序，制成牡丹酱，可直接食用。牡丹酱再辅以果仁、果脯等馅料，可制成牡丹糕、牡丹酥等糕点。在菏泽、洛阳等地，还有以牡丹花为原料，经过煎、炸、蒸、余烹制成的"牡丹宴"，颇具地方特色。另外，市场上以牡丹的花朵为主要原料制成的牡丹花瓣茶、牡丹花蕊茶等茶产品也深受消费者的欢迎。

牡丹花含有丰富的黄酮类及酚类物质等，具有较强的抗氧化能力。牡丹花水也被列入我国《已使用化妆品原料名称目录（2015年版）》。牡丹花精油是从牡丹花瓣中提炼获得，是一种澄清透明具有芳香气味的挥发性液体，牡丹花精油提取率较低，每提取1千克的牡丹花精油，就需要消耗6 000千克的牡丹花瓣，成本高昂。最新研究表明，牡丹精油的抗氧化能力，以及清除DPPH自由基、羟自由基的能力均高于市场热销的玫瑰精油。另外，牡丹精油中的香茅醇、香叶醇、丙酸香叶酯等是形成牡丹花精油香气的主要成分，具有软化血管、养神静心等作用。目前市场上已经在售添加牡丹花精油的面膜、护肤霜、润肤露、香薰等产品。油用牡丹全身都是宝。牡丹种仁中含有18%～25%的蛋白质、30%～35%的脂肪和磷、钙、镁、锌、钾及维生素A、维生素E等物质，提取油后的籽粕是高钾食品资源，其营养价可与鸡蛋、牛肉、牛奶比肩，为不可多得的滋补佳品。牡丹果荚皮、种皮含有丰富的多酚、多糖等生理活性成分，深加工增值潜力巨大。

第六节　新质生产力服务牡丹产业发展

一、新质生产力的意义

新质生产力的主要特征主要体现在：突出的创新性，广泛的渗透性，高效的提质性，明显的动态性，显著的融合性；以实体经济为根基，以科技创新为关键，以产业升级为方向。产业升级应当以培育战略性新兴产业和未来产业作为形成新质生产力的突破性工作，以实现传统制造业升级为重点内容。在推动战略性新兴产业和未来产业成为新质生产力的同时，不能忽视传统制造业具有的规模优势和配套优势，不仅要重视其在高端化、规模化、绿色化发展中较大的升级空间，更要将之作为新质生产力产生的基础和现阶段产业体系的中坚力量来对待。继续深化国有企业改革，实施国有企业振兴专项行动，提高国有企业核心竞争力，推动国有资本向重要行业和关键领域集中，强化战略支撑作用。凸显现代化产业体系的基本特性：先进性、协同性、完整性、开放性、安全性、包容性等。数字经济与实体经济有效融合是构建现代产业体系的引擎，有助于推动实体经济高质量发展、助力现代化产业体系的构建。

人工智能、数字经济所带来的正向影响，最终使创新范式的革新、创新型社会加速形成，有利于服务创新型国家建设，有利于推进中国式现代化，有利于服务山东高质量发展。数字化改革给学科专家使用人工智能开展科学研究带来革命性契机，使规模化、智能化解决问题成为可能，促进了科研效率的数量级提升，推动科研组织方式从"作坊模式"转变为"平台模式"。企业的发展形式也将在智能化、信息化、数字化基础上产生出新形态、新平台。

二、新质生产力的作用

1. 借助数字化、智能化优势，改造提升传统产业

要依托资源要素禀赋、区位优势和产业基础，加快传统产业改造、转型、升级，推进产业智能化、绿色化、高端化发展。要以数字赋能、高端引领做强传统产业，切实发挥数据要素的赋能作用，推进全要素数字化转型，实现工业互联网与消费互联网有机融合，推动技术和产业变革朝着数字化、网络化、智能化方向加速演进。

2. 形成推动高质量发展的倍增效应

深化改革，为加快培育形成新质生产力提供体制机制保障。"畅通教育、科技、人才的良性循环，要进一步加强科学教育、工程教育，加强拔尖创新人才自主培养，为解决我国关键核心技术"卡脖子"问题提供人才支撑。

3. 聚集面向未来产业培养拔尖创新人才

坚持"四个面向",把握世界科技前沿发展趋势,大力开展基础研究与应用基础研究,以产业需求为导向的科学问题研究,加强基础学科之间、基础科学与前沿技术的交叉融合,为产业发展提供源头供给,提升从"0 到 1"的原始创新能力,积极抢占科技竞争和未来发展制高点。

4. 大幅提升科技攻关体系化能力,不断提升创新体系效能

推进我国人力资本、市场需求和产业体系及产业链优势相结合,建立长周期的科教资源协同机制,推动创新链、产业链、资金链、人才链深度融合。强化企业科技创新主体地位,是深化科技体制改革、推动实现高水平科技自立自强的关键举措。

三、发展路径

1. 聚焦"基础研究＋技术攻关＋成果产业化＋科技金融＋人才支撑"全过程

创新生态链,促进创新资源向企业集聚,向新质生产力集聚,推动企业在关键核心技术攻关和重大原创技术突破中发挥作用。强化企业科技创新主体地位。加大新型基础设施建设的投资力度,数字技术赋能制造业与服务业融合。进一步提升自主创新能力,优化升级创新生态系统,强化企业科技创新主体地位。通过期权,技术入股、股权奖励,分红等激励形式,激发企业创新发展的内生动力。注重发挥科技型骨干企业的引领支撑作用,促进行业龙头企业与中小企业融通创新,实现创新链、产业链、资金链、人才链深度融合。构建企业主导的产学研深度融合创新体系,提升高校科技成果产业化水平。加快推动数字技术与创新生态系统深度融合,提高创新生态系统对经济高质量发展的促进效率。

2. 探索高校、企业产学研协同攻关和产业链上下游联合攻关

支持龙头企业牵头与高校组建"创新联合体",探索产学研协同攻关和产业链上下游联合攻关,建立"一产一策、一技一策、一企一策"工作机制。支持企业与高校、科研机构成立联合实验室,布局建设一批概念验证中心、中小试基地、公共技术服务平台、众创空间和孵化器。大力发展先进制造业,着力提升制造业竞争力。发展智能制造,推进制造业数字化、网络化、智能化。培育发展先进制造业集群,加强对传统制造业改造提升。促进先进制造业与现代服务业深度融合,发展服务型制造等新模式,提升产业体系整体竞争力。进一步发展壮大战略性新兴产业,前瞻布局发展未来产业。把握新一轮科技革命与产业变革趋势,在类脑智能、量子信息、基因技术、未来网络、深海空天开发、氢能与储能等前沿科技和产业变革领域,谋划发展一批具有广阔发展前景的未来产业。加快推进先进制造业与现代服务业深度融合。有效发挥数字化、智能化等的赋能作用，促进两业深度融合，突出两业融合实施重点，分类、分步、分阶段推进两业深度融合，充分发挥政府、研究机构、高校、企业及金融机构等对两业融合的重要支撑和服务功能，提升产业链供应链现代化水平。统筹产业体系发展与产业链安全，着力锻造产业链供应链长板，进一步补齐产业链供应链短板。推动产业链供应链多元化，形成具有更强创新力、更高附加值、更安全可靠的产业链供应链。打造多类型数字教育资源服务体系，建设高质量教育体系，培养高素质人才。塑造现代化人力资源并提高其利用效率是形成和驾驭新质生产力的重要前提。深化人才发展体制机制改革，坚持尊重劳动、尊重知识、尊重人才、尊重创造，实施更加积极、开放、有效的人才政策，充分激发各类人才创新活力。在数字经济条件下，生产形态逐渐向信息化和数智化转型，只有具备以信息技术为主体的多维知识结构，才能熟练掌握各种新质生产工具，构建信息化和数智化条件下的新质生产体系。要不断完善科技人才发展机制和创新人才培养制度。加快完善科技创新人才发现、培养和发展的体制机制，构建科技创新人才的集聚机制，通过适当性和适度性人才制度安排，提高科技人才创新的集聚度。要创新发展科技人才的培养模式和激励机制，推动人才培养链与产业链、创新链有机衔接，进一步优化人才结构，培养符合新质生产力所需的人才。

3. 聚焦未来产业持续发力

搭建一批基于数字化产品的应用场景，支持高校、企业开展新技术新产品应用示范推广。推进产业结构不断优化，产业业态不断升级。我国数字经济发展迅猛，颠覆性科技创新不断涌现。大数据、区块链、云计算、生成式人工智能等新一代信息通信技术快速迭代，相关产业持续升级，新质生产力不断形成，产业业态日益发展，使"数字＋数据＋算力＋算法的新产业和新业态"模式成为助推产业结构持续升级的新动力。其中，数字技术成为产业结构升级的主要手段，数据作为新型生产要素，算力作为新的生产潜力，都对产业升级发挥重要赋能作用，有助于在中短期内形成战略性新兴产业。加快培育壮大战略性新兴产业。优化重大生产力布局，加快建设现代化产业体系，新质生产力布局在兼具竞争力和接续性的产业基础之中，通过产业间的合理分工和高效互联发挥优势。推动生产力布局的优化，一方面，需要转移与升级并重的产业发展。另一方面，需要发展和安全并举的产业政策。开辟未来产业发展新赛道。未来产业代表着科技和产业的发展方向，科技含量高、绿色发展足、产业关联强、市场空间大，是创新技术与多领域深度融合的产业。但并非所有尚处于萌芽状态的前沿产业都是未来产业，真正的未来产业是已初步具备未来技术发展趋势和一定市场规模的产业。

4. 激发、保护企业家精神，营造依法保护企业家合法权益的法治环境

科技创新为建设高标准市场体系提供技术基础，能够孕育出颠覆性的创新产品，推动企业之间、消费者之间以及企业和消费者之间形成新型互动。这将催生新的数据分析和处理方法，推动市场营销战略、策略、模式、工具等方面的创新，更好实现供需精准对接。

5. 不断优化营商环境，更好服务市场主体

让企业在依法合规的前提下，多快好省地实现盈利；全面深化改革，优化营商环境，注定是一场关乎全局、决定未来的持久战。必须用思想的力量催动改革的步伐，以科学的方法善作善成，强化改革定力、强化创新突破、强化部门协同、强化政策落地，重点解决权力下放中整体联动、业务协同不够的问题，破解部门、行业、地区间数据共享机制不健全的问题，化解多头监管、重复监管普遍存在的问题，以及如何建立改革协同机制的问题。同时，还要杜绝一些地方政府部门"拍脑袋"决策、"拍胸脯"保证、"拍屁股"走人的现象。

6. 扩大高水平对外开放，形成具有全球竞争力的开放创新生态

要加快培育外贸新动能，巩固外贸外资基本盘，拓展中间品贸易、服务贸易、数字贸易、跨境电商出口。探索将现有的服务业扩大开放综合试点城市升级为服务业开放特区的可行性方案。

7. 推动山东战略性新兴产业融合集群发展

按照产业链、产业带、产业群的建设思路，加快新兴产业融合集群发展。构建新一代信息技术、人工智能、生物技术、新能源、新材料、高端装备、绿色环保等一批新的增长引擎。在新能源、新能源汽车、人工智能等领域形成一批极具竞争力的新兴产业链，为战略性新兴产业以及整体经济注入强劲活力。推进产业链、创新链、人才链、资金链融合创新。在创新链发展方面，产业创新发展动能持续增强。在人才链发展方面，持续提高科技人力资源数量和质量。在资金链发展方面，进一步培育和发展山东战略性新兴产业，发挥财政资金的支持和引导作用。

8. 强化高水平自主技术要素供给

贯彻新发展理念是新时代我国发展壮大的必由之路"，其中包含了新质生产力的评价标准，突出了新质生产力在高质量发展中的基础性作用。新质生产力理论的产生契合了时代发展要求，其"新"表现为新的生产要素以及新的要素结合方式，其"质"体现为高质的产业基础以及发展动能，其形成过程是以技术创新、人才培养、产业升级的配合而实现的多元生产要素的拓展与结合，其表现是所引发的现代化生产方式的更新和经济社会发展效果的质变。伴随生成式人工智能等数字技术的快速发展，传统生产要素与数智化生产要素融合升级，数智化技术叠加、延伸和放大了传统生产要素的功能，极大地提升了生产要素质量。首先，生产要素属性得到延伸。其次，实现要素值增值，生产要素被数字化赋能，在生产过程中具备可替代其他要素的数字化属性，从而使要素价值增加，要素之间的投入比例得到优化，进而促进生产结构的优化升级。最后，在传统产业向"数智自动化"生产转型的过程中，新质生产力可能突破规模报酬递减规律，使资本、劳动力、土地等传统生产要素摆脱时间和空间的限制，显著提高产出效率，促进产业高质量发展。

第四章　牡丹文化产业服务乡村振兴

第一节　牡丹与绘画

中国牡丹入画始于东晋，顾恺之的《洛神赋图》中，洛河岸边盛开着一株粉色牡丹。唐代画家周昉的《簪花仕女图》中，一位仕女头上则簪有一朵牡丹，而另一位仕女手持的团扇上也绘有盛开的牡丹。上述作品中牡丹多以配角出现。南北朝时期北齐杨子华是史料记载的第一位画牡丹的画家。北宋文人地位尊崇，推动了文人士夫画的极大发展，加之宋时牡丹栽培正盛，因而流传后世的牡丹画作也很多。宋时受理学思想的影响，牡丹图多采用双钩设色，强调对牡丹的客观描绘。如"犹有余情写牡丹"的钱选，其《八花图》卷、《花鸟图》卷中的牡丹工笔细腻，整体清新高雅。王渊早期也是宋代宫廷院体的风格，但后来逐步变"五色为五墨"，以"落墨"画牡丹。元朝是少数民族建立的政权，相对尚武轻文，但仍有一些画家在宋时绘画传统的基础上自成一派。明代随着社会的安定，绘画再度兴起，留下了一批牡丹佳作：沈周的牡丹绘画以水墨为主，造型真实，用笔温和；徐渭的牡丹绘画多用泼墨，风格奔放、淋漓酣畅；陈淳是中国大写意花鸟的开山鼻祖，他的牡丹作品"一花半叶，淡墨欹毫，愈见生动"；陈淳与徐渭并称"青藤白阳"，二人开创了文人写意花鸟画的新风格。清代绘画风格多样：清初恽寿平开创了"没骨画法"，他的《富贵牡丹图》"点花粉笔点脂，点后复以染笔足之"格调清新，雅俗共赏。赵之谦、吴昌硕便是代表，他们笔下的牡丹外貌粗犷，内蕴浑厚，气势磅礴豪放。清末以来，社会动荡、国门大开，西方绘画理念对中国画的发展也产生了很大的冲击。如林风眠先生在作品《牡丹》中，把印象派色彩的元素运用于绘画作品中。以潘天寿、吴昌硕、齐白石、黄宾虹为代表的传统四大家，他们坚守中国画的笔墨传统，强调诗、书、画、印的结合。齐白石画牡丹造型夸张，常重在精神境界的描述，他认为"作画妙在似与不似之间，太似则媚俗，不似则为欺"。新中国成立之后，画家们又赋予牡丹画作新的蕴意。在毛泽东故居所藏书画家赠品中，有不少以牡丹为主题的作品，如《春满乾坤图》《花好月圆》

《瓶花图》等。改革开放之后，美术界也迎来新的繁荣，牡丹不单是富贵吉祥的符号，更是民心国运的象征，牡丹画受到广大人民群众的喜爱和推崇。各地涌现一批批优秀的民间牡丹画家，如"中国牡丹画第一村"，洛阳市孟津区平乐镇平乐村，多数村民均能作画；山东菏泽巨野县是 2012 年中国工笔画学会命名的"中国工笔画之乡"，工笔牡丹画已经成为当地的一项重要产业。

第二节　牡丹与插花艺术

插花艺术是中国古老的传统艺术形式之一，牡丹以其独特的魅力以及吉祥美好的寓意，在中国传统插花中始终有着重要地位。牡丹插花萌生于民间，《诗经》中有云"维士与女，伊其相谑，赠之以勺药"，即男女在野外游玩，谈情说爱，临别时折下芍药赠予彼此。这摘下的芍药花枝即现在切花的原型。唐代是牡丹发展史上的黄金时代。宫中会举办牡丹插花盛会，有着"严格的程序和豪华的排场"。唐末文人罗虬，著有《花九锡》："重顶帷（障风），金错刀（剪折），甘泉（浸），玉缸（贮），雕文台座（安置），画图，翻曲，美醑（赏），新诗"，即为牡丹宫廷插花的九个步骤。宋代也是牡丹插花的极盛时期，宋人以"点茶、燃香、插花、挂画"为"文人四艺"，也就是文人必备的生活素养。因此每当花期，也会举办大型牡丹插花会，"西京牡丹闻天下，花盛时，太守作万花会，宴集之所，以花作屏帐，至于梁栋柱拱，悉以竹筒贮水，簪花钉挂，举目皆花也"（北宋·张邦基《墨庄漫录》）。宋代插花还注重色彩、构图以及作品的内涵意境。明清是中国传统插花的复兴至成熟的阶段。这一时期无论是在技艺上，还是在理论上都形成了完备的体系。人们常以花喻人、以花寓意，如将梅、兰、竹、菊称为"四君子"，将松、竹、梅称作"岁寒三友"，选花材时强调"材必有意"。牡丹花朵硕大、色彩艳丽，自古被赋予了"雍容富贵、吉祥昌盛"的寓意，与其他花材一起传递着美好的祝福。牡丹瓶插，取义"平（瓶）安吉祥"；牡丹与石头或梅花组合，寓意"长命富贵"；牡丹与玉兰、海棠、迎春合插，寓意"玉堂春富贵"；牡丹与松枝组合则寓意"富贵长青"。

第三节　牡丹与民间艺术

根植于菏泽的民间艺人们，用不同的艺术手段把自己内心的牡丹情结刻画成一个个主题鲜明的牡丹工艺品：面塑牡丹、剪纸牡丹、绳编牡丹、堆绣牡丹、核刻牡丹、麦秆画牡丹，还有瓷器上的绣花艺术——刻瓷牡丹、五谷杂粮的艺术——粮画牡丹等。2019 年春在北京故宫博物院举办的"国色天香——

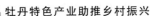

紫禁城里赏牡丹"菏泽牡丹主题展中,还特别在长信门广场上搭建了六个展位,展览牡丹非遗产品,工笔牡丹、堆绣牡丹,古筝牡丹、牡丹瓷、剪纸牡丹、鲁锦牡丹等牡丹工艺品亮相京城。

一、牡丹黑陶

1. 黑陶制作工艺

摔泥—揉泥—拉坯—修坯—雕刻—烧制。

2. 成武黑陶技艺的新传承

这是土与火的艺术,力与美的结晶。成武黑陶诞生于新石器晚期,距今已经 4000 多年,菏泽成武历史上属于黄泛区,因此,形成大量黏土。土质地细腻而纯净,适合制作黑陶。成武黑陶制作工艺复杂。2019 年,在成武区域发现了薄片陶瓷,像鸡蛋壳一样薄,由此可见,古人是多么的聪明和充满智慧,现在我们要做的就是传承创新。

3. 制作要点

摔泥、揉泥是制作黑陶的重要工序,不停地摔打,使泥团结合得更牢固,而反复得揉,目的是将泥土中的气泡排出,防止烧制过程中开裂。拉坯是非常关键的环节,是赋予泥土灵魂的过程,一块块软泥,在灵巧的双手的控制下,形成多次多态、巧夺天工的造型。在造型方面最大的难点是平和直,因为陶器很软,含有一定水分,把水分耗尽后让其保持不走样非常难,经过几个小时的晾晒,要对粗糙的坯体表面进行修整,这非常考验创作者的耐心和功力,差之毫厘,失之千里。黑陶使用纹样以最具菏泽特色的牡丹为主,同时融入一些地方传统文化。最后一步是烧制,掌握好火候,定格每件陶瓷的最美瞬间至关重要。制作黑陶要通过观色、闻味、听声判断火候。

4. 黑陶作品特色

王宝祥的黑陶作品造型优美,叩之如馨,其成品无釉而乌黑发亮,胎薄而质地坚硬,具有黑、亮、薄、硬四大特色。他的终极目标是普及黑陶文化,传承创新黑陶非遗产品,让身边更多的人会做黑陶,让黑陶艺术发扬光大,建设黑陶一条街、黑陶一个镇、黑陶一个区,让黑陶艺术在新时代迸发出勃勃生机,让黑陶艺术走进千家万户,走出我国大门,迈向世界。

二、牡丹骨雕

以刀为笔,琢骨生花。

1. 制作流程

选料—开料—刮骨—绘图画样—雕刻—打磨—漂白—上色—拼接—晾晒。

2. 操作要点

骨雕牡丹的制作需要精选鲁西南黄牛、大漠骆驼的骨骼,先除去多余之处,再经高温蒸煮消毒、除油、晾晒、图案拓样、开料镂边、派活水磨、药物处理、上彩上光、拼组安装等几十道工序完成。一幅完整的骨雕牡丹成品,需要耗时数月才能完成。在整个雕刻环节,考验艺人手、眼、心的协调配合,想要牡丹栩栩如生,需要拿捏好雕刻力度。只有掌握娴熟的雕刻刀法,才能做到雕刻出来的牡丹层次分明,凹凸有致,具有立体感,恰到好处地体现出牡丹的艳丽华贵。

我国的雕刻技艺历史悠久,骨雕便是选择骨头为原料,在骨头上进行雕刻的一种艺术手段。一件骨雕作品的完成需要数十道工序,从选料、开料、刮骨、画样、雕刻、打磨,再到漂白、上色等,每一个工序都不能忽视。牡丹区吴店镇区级非遗项目曹州骨雕牡丹传承人赵公峰的工作室的工作台上,一字排开地摆放着他制作的大小不一的刻刀,以及按完成进度摆放的未完成的作品。雕刻时,他那双粗壮的大手挥动着雕刻刀,在小小的骨头上雕刻出精致的牡丹图案,牡丹的叶、茎、根分明,精湛的技艺让人赞叹。

自古以来,牡丹就是菏泽的一张名片、一个文化符号。牡丹骨雕是把骨雕技艺和牡丹结合起来,精雕细琢间展现牡丹的千姿百态。

随着骨雕技艺的发展,不仅可以在骨头上雕刻文字,还能通过不同的刀法雕出栩栩如生的立体人物、花鸟等形象。

随着赵公峰骨雕技艺的日渐娴熟,他在骨雕创作的道路上越走越远,相继开发出落地大屏风、客厅书房壁挂牡丹图、影视墙牡丹图、玄关骨雕牡丹图、台屏、骨雕案头摆件等系列骨雕牡丹工艺精品。

为更好地传承和弘扬非遗骨雕技艺,他成立了非遗骨雕牡丹工作室,已吸引 10 余名新人前来学习。从事骨雕技艺是个辛苦活,能坚持下来的很不容易。他作为骨雕牡丹的传承人,不仅创新发展了骨雕技艺,研发出了更多类型的骨雕艺术品,还带动村民吃上了"艺术饭"、挣上了"文旅钱"。

第四节　搭建好牡丹花会大平台

一、洛阳牡丹花会

1983 年洛阳举办了首届牡丹花会,该牡花会于 2008 年入选国家非物质文化遗产名录,2010 年 11 月,经国务院、国家文化部正式批准升格为国家级节会,更名为"中国洛阳牡丹文化节"。洛阳的牡丹名园有国家牡丹园、中国国花园、王城公园、隋唐城遗址植物园的千姿牡丹园、洛阳神州牡丹园等。

二、菏泽牡丹花会

菏泽牡丹花会自 1992 年起每年 4 月中旬举行，为期 20 天，经过多年发展，逐渐成为"菏泽国际牡丹花会"；2013 年起，"菏泽国际牡丹花会"更名为"菏泽国际牡丹文化旅游节"，并将该节会的开幕时间定为每年的 4 月 16 日。"世界牡丹大会"自 2019 年起，已在菏泽举办五届，2019 年的首届与"菏泽国际牡丹文化旅游节"同期在菏泽举行。菏泽的牡丹名园有曹州牡丹园、百花园、古今园、中国牡丹园、天香公园、国花牡丹园、菏泽牡丹园等。

三、天彭牡丹花会

彭州古称"天彭"是中国西部最大的牡丹种植和观赏中心，也是与"洛阳、菏泽"齐名的三大牡丹基地之一。新中国成立的第一届"天彭牡丹花会，于 1985 年 4 月举行。天彭牡丹主要观赏点有彭州丹景山景区、金彭牡丹种植基地以及彭州牡丹园。

除了以上中国三大牡丹花会之外，还有安徽铜陵牡丹花会、常熟尚湖牡丹花会、延安万花山牡丹节、重庆垫江牡丹花节、西藏米林县黄牡丹文化旅游节、山西太原双塔·晋祠牡丹文化节等，以及一些民间的观花活动。

第五节　牡丹绘画艺术助推乡村振兴

菏泽市是著名的书画之乡，书画文化历史积淀深厚，已经成为助推文化产业发展的重要引擎。巨野县书画院依托菏泽工笔牡丹画品牌新名片的优势，以"黄河文化＋牡丹文化＋红色文化"为元素创作了工笔牡丹画作品《盛世长虹》，2022 年 8 月 4 日该作品亮相美国纽约时代广场；组织创作的《花开盛世》《锦绣春光》《盛世中华》等作品，先后亮相上海合作组织青岛峰会、中国国际进口博览会、中国-东盟博览会等国家重大会议活动。菏泽市人民政府定期举办世界牡丹大会工笔牡丹画产业发展论坛，积极申报巨野工笔牡丹画版权，开展非遗代表性传承人培养认定工作，巨野工笔牡丹画入选第五批山东省非物质文化遗产；开展农民画师培育工程，打造绘画专业镇村基地。塑品牌，强化品牌意识，加强品牌保护；育人才，大力支持书画产业领军人才、复合型人才、领军企业；拓市场，建设书画产业一条街，筹建全国工笔画交易市场，全方位打造区域销售平台。菏泽依托驻各地山东商会、菏泽商会，在一线城市建立分院，组建专业销售团队，拓展销售渠道；增创意，与高校联合打造菏泽工笔牡丹画创意设计中心和博士工作站，不断提高工笔牡丹画的创意设计能力；成立大型主题作品创作团队，定期举办农民工笔牡丹画创作创意人才公益培训。菏泽以绘画艺术为抓手助推乡村振兴，如今牡丹工笔画已成为农民增收致富的一个有效路径。

一、中国画的构成关系

中国画，简称"国画"，是我国传统造型艺术之一，在世界美术领域中自成体系，是技术性非常强的艺术。由工笔、写意、勾勒、设色、水墨等技法形成。主要运用线条和墨色的变化，以勾、皴、点、染、浓、淡、干、湿、阴阳、向、背、虚、实、疏、密和留白等表现手法，来描绘物象与经营位置。取景布局视野宽广，不拘泥于焦点透视。有壁画、屏障、卷轴、册页、扇面等画幅形式，辅以传统的装裱工艺装潢等。人物画从晚周至汉、魏、六朝渐趋成熟。山水花卉、鸟兽画等至隋唐之际始独立开成画科。中国画强调"外师造化、中得心源"，要求"意存笔先、画尽意在"，强调融化物我，创造意境，达到以形写神，形神兼备，气韵生动。书画同源，两者达意抒情上都和骨法用笔、线条运行有着紧密的联结，因此绘画同书法、篆刻相互影响，形成了显著的艺术特征。

1. 六法用笔

这是我国古代绘画实践的系统总结。南齐谢赫《古画品录》："夫画品者，盖众画之优劣也。图绘者，莫不明劝戒、著升沉，千载寂寥，披图可鉴。虽画有六法，罕能尽该。而自古及今，各善一节。六法者何？一，气韵生动是也；二，骨法用笔是也；三，应物象形是也；四，随类赋彩是也；五，经营位置是也；六，传移模写是也。"

2. 论笔墨

古人论墨"笔以立其形质，墨以分其阴阳"，是指概括形象的重要手段。所谓"笔"即画幅中的点、线、面，泛指造型。"墨"即墨本身的黑色（浓、淡、干、湿、焦）五色和各种颜色，泛指色彩。

人们常说在欣赏和鉴定一幅作品时，首先要观察这幅画的内容，表达的气氛如何，也就是看六法中第一法"气的生动"怎样。进一步则要看这幅画"笔墨"如何，再看其他题跋、款识、印章等，所以说"笔墨"是国画的基本技法。笔墨的运用是国画表现技法的基础，一幅作品没有"笔墨"，很难说它是中国画。因此，学习中国画，就要研究笔墨功夫。作者的诗情画意是通过笔墨来完成的。它既具有造型功能，又具有传情功能。初画者开始往往不熟悉笔墨，通过不断实践，可以达到"笔为我用"的程度，逐渐做到得心应手。用笔之法，要做到指实掌虚，运用自如。常说的中锋用笔，即笔尖垂直在纸上书写或画画，如同用笔写篆书，如锥画沙。

写意画要求变化多，笔笔有变化更好。所以，必须中锋、侧锋并用，还需注意干湿、轻重、缓急、顺逆的变化，方能达到如意的效果。写意画的墨是很重要的。有专以水墨作画的画家，不用其他色，谓之墨笔花卉。

3. 笔墨关系

笔墨是国画的表现方法和手段。缺乏对笔墨的理解就用不好或不会用笔墨。

4. 气韵

中国画离不开气韵，而气韵来源于笔墨，修养于人格，所以，人格不高，画格难求其高。

5. 气势

气势是一种画面关系，也是一种修养，没有气势气韵就不会生动。气势分画面构图之势和笔墨之势。中国画具有势、险、奇、秀的特点。构图的开合关系相生相息，好的构图可以使画作更富有生命力。

6. 空白

这是中国画特有的意境空间，是画面呼吸的必需所在。没有了空白，中国画就缺失了玄妙的想象空间，没有了空白，中国画的气势将不复存在。空白的使用是极为微妙的手法，对写意花鸟画来说特别重要。

二、写意牡丹画

学习写意牡丹画最好由工到写，练习好工笔画造型的基本功，从而达到得心应手、挥洒自如的境界。若没有兴趣的话，也可直接画写意画，这需要专业的老师指导。

（一）工笔牡丹的步骤

须认真临摹古今名作，临摹前要仔细揣摩其勾线、色彩乃至构图立意等，这一步骤谓之读画。可用铅笔写生，对一株具有代表性的最能打动你的牡丹花，要从根到梢、前后左右仔细观察、深入体味，熟悉到闭目仍可了如指掌的程度。而后选取合适的角度，先用铅笔直线定型，逐步具体、忠实详尽地勾画出整株全貌，其中要有所割舍和加工，枝节简化、改造或省略。白描稿子在着色之前，需要根据牡丹各部位的结构变化，轻重虚实和阴阳向背等因素，用墨或色进行晕染。为使晕染均匀自然，一般备用两支笔，一支着色，一支蘸清水晕开颜色。花头和叶子可用墨或各种与其近似色晕染，染足之后再着色。不论晕染还是上色，往往不能一次完成，要一遍一遍地进行，方能使颜色均匀厚实。为使色彩沉着丰富，往往运用几种颜色，相互套、罩、托等晕染手段。不论晕染还是着色均不可太厚或太薄。太厚失清丽，过薄易于轻浮。要薄中见厚，方可体现出柔润宜人的效果。

（二）小写意牡丹技法

1. 论写意

中国画的写意，是指其言简意赅、以少胜多之意。重彩、工笔等都可以写意，但要讲究笔法、讲究墨法，胡乱涂抹不可称为写意。写意是作者对自然形态的观察，经过提炼、取舍，甚至以变形处理，然后以简练的笔墨，概括而完整地写出对象的真情实感。中国画要求的"神似"，重点在于"神"字，古人对写意画的要求是"似与不似之间"。要做到"不似之似"，应在神、情、趣三方面下功夫，即意境要高、构思要深、构图要新，并能做到"以一当十""以少胜多"、恰如其分。要达到此要求，就应在提炼、概括、含蓄上下番功夫，经过实践不断总结，达到心手合一。还应努力丰富自己的文化修养，加深各方面姊妹艺术的造诣，渐臻完美，达到成熟境界。

2. 以意写之

所谓"写意"，元代汤垕说："画梅谓之写梅，画竹谓之写竹，画兰谓之写兰，何哉？盖花之至清，画者当以意写之，不在形似耳"。花鸟画的"以意写之"之说，是强调作者的主观作用，是"借物以写胸中之所有"的意思。

郑板桥诗中有"衙斋卧听萧萧竹，疑是民间疾苦声。些小吾曹州县吏，一枝一叶总关情"之句。作者听了潇潇竹声，有所感触，是对民间疾苦的关情，而发于心声，决非"萧萧竹"自身所具有，是在写自己的感情。所以作者在落笔之前，总是先有自己的思想意愿，即所谓"意在笔先"。

写意画没有定法。石鲁谈写意："写意画固然要事前想周到，但最多也只是一个大印象，实际干起来常常并不能完全按照你想好的去画，所谓临他变法也。故曰：'意在笔先'，还要'笔成于意外'。艺术没有一个定型的最高标准，必须创造自己的风格"。

小写意牡丹可分有骨法、无骨法。运用点垛和勾勒的方法。骨法用笔，主要吸取西画的侧锋用笔、横推等笔法，运用中国画的高光和散光的传统原理，充分表现了牡丹的雍容华贵的色、光、态、情，达到形神兼备、雅俗共赏的艺术效果。

小写意牡丹通常在生宣纸上作画。画花头和叶子一般用羊毫笔。枝干和勾线用兼毫或狼毫笔。

3. 牡丹花头画法

牡丹花头是画面的主题，一般花头包括花瓣、花蕊、花托、花梗几部分。

（1）无骨画法（初学画牡丹花头者必须掌握的基本画法）。这种画法常用，易掌握，用笔应根据花瓣生长规律，按逆、顺、侧、推、横笔沄来表现花头形象。由淡到浓，三笔为组，前、后、左、右各画一组，层层相加，花头中心部分用重色叠加之，前面一组用淡笔，属高光部，用"明暗对比"法。画时用笔要灵活，以淡笔刻画高光部分，以重笔表现阴暗部分。花瓣处理应合理，大小瓣相间，画时要灵活掌握。三笔一组不是固定的，也可以四笔一组，也可以用五笔为一组，看花头大小而定。

在画花头时，应找矛盾，简繁交错，方呈立体之感。花头忌圆、忌方，画方了或圆了怎么办？要破其平衡或用颜色加深，使左右有深浅之别。花头安排一般多放在画面上端三分之一处。花头的安排应按意境布置，出花处要含蓄，不要太实，以虚托出花头，使其更突出，而不要喧宾夺主。在画牡丹花头之前，不能拿起笔来盲目挥洒，要画一个什么样的造型，事先要考虑一个大体形象，再根据花头的大小、轻重等特征，人格化地刻画其神态。铺好宣纸，意在笔先，把笔腹蘸粉或淡色，笔锋蘸重色，在盘中调色，上下按几下，使过渡色均匀。按组笔从前向左、右、后画起，要大胆下笔，左右开弓，画出花头大小，确定花的姿态趋势，逐步深入，再画出花头的基本形体，再补笔刻画细部，收拾花头的造型。

（2）有骨画法。也叫勾勒法，用笔要简练、概括，更富有轻重变化，顿挫虚实，浓淡干湿，用淡墨勾出花头的形体结构，要用笔准确，也要有意到笔不到之处。如画白花头，按上述勾线要求，先勾出花头的形体结构，勾线干后，用羊毫蘸白粉，自花瓣的梢端向基部晕染，打好过渡色，基部白粉薄，再用淡墨笔烘染花瓣。起笔从花瓣基部向端部烘染，基部重、向外淡。花心部位要重些。要保持花色洁白纯净。画红花头、绿花头，可勾墨线，也可勾绿线，勾线比填色要深重。晕染法同白花头。

（3）侧锋用笔。画花头时要自然快速，一挥而就，此法画的花瓣滋润生动。

（4）横笔法。即侧锋横推，势若风扫残云，推进时用笔要灵活，要推中有提、按、颤、揉等笔法。此法画出的花瓣壮阔丰满，富有层次，能表达出花瓣起伏的自然生机。

（5）点蕊。点蕊和点苔，形体虽小，其在中心，分外醒目。花蕊点得好，能起到画龙点睛之效，点得不好，会患画蛇添足之弊。可见点蕊绝不可掉以轻心。花蕊分雌蕊和雄蕊，雌蕊在花心正中，如小石榴，浅绿色。雄蕊由蕊头和蕊丝两部分组成。雄蕊在外，围拢着雌蕊。点蕊时要求饱满实在，珠圆玉润，笔锋要圆正，颜色要浓重，点时可以用白粉加藤黄调和用。

三、牡丹花头各色系调色及画法

1. 粉色牡丹调色及画法

以下几种色系及画法适合已掌握牡丹花头基本画法的作画者。粉色牡丹品种繁多，多为粉红色，用牡丹红或曙红加白粉可以调出不同的粉色，运用色彩的加减，可以画出各种不同品种、不同姿态的粉红花头。先以白粉为主，调出花色，笔腹蘸白粉，笔尖蘸少许胭脂或其他色，以三笔、四笔为一组，先画前面一组，颜色要淡，作为受光部（高光点），再左右开弓层层画出。画后面一组颜色要重。

2. 黄色牡丹调色及画法

黄色牡丹名贵端庄，是以名花姚黄为主的色系。黄色历代都是皇家专用，给人以富贵、祥和、温暖、柔和的视觉。配色可用藤黄加朱砂、赭石调成深黄色。画时用笔腹蘸白粉，再蘸调好的黄色，笔尖蘸点胭脂，可增强花头的立体感，使花头柔和明亮度高。

3. 蓝色牡丹调色及画法

蓝色牡丹画出来淡雅、清秀，属冷色调，配叶适合暖色。配色用花青加点胭脂，或直接用花青或酞青蓝。画时笔腹蘸少许白粉，这样画出来的花头明亮，效果好。

4. 红色牡丹调色及画法

红色牡丹是以中国红为主的正红色色系，较粉红色偏重。粉红色牡丹和正红色牡丹这两种色系品种较其他色系多。红色牡丹艳若丹霞、熠熠生辉，上千年来被人们视为吉祥的象征。画红色牡丹花头常用牡丹红或曙红加大红，蘸白粉调色，也用牡丹红加朱磦、赭石配成老红色画花头，运用色彩的加减可以配出各种红色，可以画出各种不同品种、不同姿态的红色花头。画时笔腹蘸少许白粉，笔尖蘸点胭脂。

5. 绿色牡丹调色及画法

一般以黄绿为主调，冷暖色个人掌握，偏蓝为冷色，偏黄为暖色。常用配色：花青加藤黄，藤黄加三绿，调嫩绿色；花青加藤黄、赭石调军绿色等。画时笔尖蘸胭脂或蘸花青可画出不同效果的花头。

6. 紫色牡丹调色及画法

紫气东来，紫色牡丹典雅高贵，吉祥。常用配色：胭脂加点牡丹红、花青作为基本色。画紫色牡丹不要用粉，应以水来调节颜色的亮度。

7. 白色牡丹调色及画法

白色牡丹有两种画法，一是勾勒法，以淡墨勾勒后再施以淡色，从瓣根向外染色，未干时再以白粉烘染。二是用白粉蘸淡青色画出，常用白粉加石青或花青。

8. 黑色牡丹调色及画法

黑色牡丹黑里透红，庄重亮丽。大自然中纯黑牡丹是没有的。一般是花瓣呈深红色，瓣根部为黑色。作画时也可用纯墨作画。画时用大红加水调成浆，不要加粉，用纯色画。笔尖蘸花青或墨都行。蘸花青画花头比较亮，蘸墨画花头发紫。画花头用色不同，笔法一样。

四、牡丹叶子、枝干画法

（一）叶子的功用、功能

画花头容易，画叶难，众所周知。画叶难主要难在叶子的陪衬角色上。叶的数量多，面积大，姿态趋势繁杂，对花头具有烘托响应之功能，在整个构图中分布讲求规律性，因此，几片叶子的浓淡关系、大小比例或所在位置，往往能够牵动画面全局，决定作品的成败。一幅写意牡丹画的成败和叶子关系极大，其艺术效果上叶与花头是相辅相成的整体。没有叶子的衬托花难为其美。花和叶子枝干画完，才是大局已定，其余则是比较次要的。

（二）牡丹叶子的点法及勾筋法

小写意牡丹的叶子，通常采用先点叶形，后勾叶筋的方法画出。有时也用相反的方法，还有只点叶形而不勾叶筋，只勾叶脉主筋等画法。

点叶子通常从叶柄处着笔，向叶梢点去，也可用相反的笔法。但不论哪种笔法去点，都要在不失自然规律、满足叶形的三叉九顶的前提下进行，否则会与其他花卉的叶子雷同。如果点的叶过小而纤弱，易与菊花叶子混淆，偏长则像芍药叶，偏圆则似月季叶。这种似是而非、模棱两可的作画结果，初学者要注意。

点叶时还要注意用笔，要用写的方法去夸张叶的形色韵味。一幅作品里的叶、叶组之间，要有轻重、强弱之节奏。一组叶的浓淡、虚实之处要间而有之。点好叶形一般是趁湿勾叶筋、勾线，趁湿渗化成中部坚挺、外部浑化的状态，烘散出毛茸茸的黑色，呈现出有骨有肉的笔墨效果，这样既丰富了叶的底色，又含蓄地体现了叶面凹凸不平的生理变化；欲使叶筋线渗化得幅度大些，须趁叶子的湿度较大时勾线。勾筋通常用墨线，有时可用色线。绿叶可勾墨线、赭墨线、脂墨线，也可勾白粉线、清水线、黄绿勾线等。嫩红叶勾胭脂线、朱红线、墨线。一般叶色重则勾线色要更重些，叶色淡则勾线色也要淡。勾线色要重于叶色。

牡丹叶的写法，不可以拘泥于"写实"的描写，要对叶子的色彩形体重新设计，叶子的颜色要趋于沉着，方能更好地起到烘托陪衬作用。在大幅牡丹画中，花头色彩多、杂，画面容易"花"，作画时除应统一调整花的色彩外，还应统一调整叶的色彩。

（三）点叶子要注意几个很关键的问题

1. 有聚有散

花头和叶要有聚有散，花头集中，则要有疏密错落的叶陪衬，形成集中与分散的灵透感。

2. 色彩对比

花头鲜艳，叶子则要沉着。作画时要尽量夸张花与叶子的华素对比。

3. 虚实对比

花头是实写之主体，叶是虚写之客体。花多小写，叶须粗犷，用大写较好，形成明显的虚实对比。

4. 动静结合

翻卷叶子见风，平正叶子似静，低垂叶子如闻雨露淅沥，须作画时精心设计，使叶生动活泼，表达出动与静之美。

（四）牡丹叶常存在的几种弊病

1. 叶密实

郑板桥的诗谓："四十年来画竹枝，日间挥写夜间思，冗繁削尽留清瘦，画到生时是熟时"。凡形繁必没神，有谓笔愈减神愈全者，亦为形简而神赅也。而形之求简则在尺度精确，而增减夸张尽在范围合理，由繁至简达到精纯。以一当十，以少胜多，贵在提炼熔裁，求一画于极终，而增一笔则多，少一笔则短，此非一朝一夕能成。

陈子庄："画格越高，技法越简，画格越低，技法越繁"。叶密实、繁杂，其问题在于不懂或不善于"以少胜多，以简代繁"，生怕画得不够分量，盲目复加，没有以简化繁，不会因势利导，一味增补，结果适得其反。

2. 散乱平涂

理论上知道疏密聚散，实际上入手时往往力不从心，不敢疏散、没有节奏、不知道表现出前后层次、点叶过乱、勾筋时不知乱中求整。

3. 顾此失彼

画叶时要记得叶是花头的衬托，不要平均对待，以免造成以叶夺花、喧宾夺主的后果。全幅作品的叶子基本画完后，局部调整时，要足够慎重，尤其是大幅作品，未经远看近观，不要轻易添枝加叶，否则会破坏画面的空灵、疏透感，从而因小失大，影响整体效果。

（五）牡丹枝干的画法

1. 牡丹枝干出枝法

花鸟画出枝多由边向中，出枝部位有一定的规律性。牡丹枝干出枝有八个出枝部位，皆可灵活应用。出枝形式上主要分为两大类：上仰式、下垂式。此外，也可运用垂直式和平行式出枝，要靠粗细、长短、浓淡、虚实等形成对比和变化。

出枝通常忌从角、边的中心点部位出枝。

2. 枝干穿插法

该方法是由历代画家从自然界树木枝干穿插规律中归纳总结出的一种画

法，常用于画各种花木的枝干。在该方法的基础上还衍生出多种穿插法，如三干穿插、V字形、"女"字形、"之"字形等。最常用的就是三干穿插法，画竹画兰等常用。不论哪种穿插法，都必须了解绘画的客体特征。掌握笔墨的各种变化。遵守整个画面的章法布局。

3. 花茎叶柄画法

画花茎多以嫩绿蘸胭脂，自花头蒂处自下写出（可参看花头画法），起笔略顿，以示花头由此生发，上实下虚，行笔要有顿挫曲折的变化，要防与藤木相混。中锋用笔，有圆润的质感，趁湿随即自茎部向外画出叶柄，起笔稍顿，运笔流畅。画花茎要注意花和叶的结合，要使人看出或能够想象其来龙去脉，看出是在画面上的连接贯穿，给人笔断意连的感觉。花、叶茎、干在一幅画里的作画要有先后顺序，习惯上先画花头。但也有相反的情况，先画干、枝、叶、柄，后画花头。

4. 老干画法

老干已经历多年风霜寒暑，故其粗拙老辣的形象与鲜艳柔润的花、叶、茎形成鲜明的质感对比。它是画面组织的基础部位，也是作品完美的重要因素，因此得特别重视。老干的姿态优美多变，要清楚它的生长规律和姿态特点，要用赭墨画老干，运笔要快速，要有转折顿挫、一气呵成，趁湿稍加收拾，转折部位加重一下，也可趁墨未干用墨线勾出主干和侧干，虚断之处，用侧锋进行勾、皴、擦，使主干更加苍老、拙朴。画老干须遵循从根到梢逐渐由粗到细的原则。

五、大写意画法

大写意是与小写意相对而言的。顾名思义，它是一种笔墨精炼、造型概括、浪漫、委婉含蓄的中国画。然而大写意和小写意虽有很大不同，但也有共通之处，明白这一点，不仅便于掌握大写意的基本方法，还可以直接提升对小写意的认识。

1. 造型夸张

牡丹花、叶、枝大写意造型不仅概括含蓄，而且更加夸张变形。如画一朵盛开的牡丹花头，为了充分显示花瓣的松张感，所点各瓣可以夸张变形一些，但要笔笔不断。可点出大小、干湿不等的花头形状，概括出牡丹花头的造型特征，以显得高雅精湛。

2. 色彩

大写意的赋色比小写意更灵活，更不拘于固有色彩，色相少而不单调，充分发挥色彩的层次变化，其中最常见的是纯墨作画。利用墨分五色的特殊效果，把万紫千红的牡丹花概括地表现出来。这种造型的简括和色彩的单纯，形成了大写意的独特性。

3. 笔情墨趣

大写意在落墨方面，讲究一挥而就，过多的复笔和收拾往往有损于畅达淋漓的笔情墨趣，因此，不少即兴小品，常常在几分钟内即可完成。大写意无须先打出草稿再正式落笔，全凭成熟的腹稿进行作画。在一幅牡丹画中，可以把主体画成大写意，而把陪衬画成小写意，甚至工笔。这种意笔和工细笔同于一幅之法，是粗中有细的应用。因此，有时亦可把花头画成小写意，工整些，把枝叶画成大写意粗放些。

4. 用墨及设色

一幅中国画的题材、构图、意境的表现全在于用墨用色。南齐谢赫在《古画品录》中就提出了"隋类赋彩"的理论。

六、写意牡丹绘画创作

1. 构思立意

牡丹画创作的构思立意就是画家凭着对牡丹这个主题的各种情怀形成的。构思立意就是确定牡丹花的大体动感，或斜、直、仰、俯、静、动等，取其大方的形态。可将花株置于画面上，欲取其窈窕俏丽之态，可夸张花头形体的浪漫张弛，枝、叶、干均趋较大动势；相反，欲取其腼腆深幽之感，可将花头置于一侧或背向等。

牡丹画还可通过周围自然气氛的刻画开拓意境，常常借助其他植物、动物和静物使人对同样的牡丹花产生不同的感受和乐趣，从而加强作品艺术感染力。例如：牡丹画面上蝶飞鹊舞，实际上牡丹开花的春季还没有蝴蝶，牡丹画面上蝴蝶飞舞虽然不符合自然规律，但这样却有助于动静对比，而且令人犹如置身在鸟语花香的大好春光里。并非每幅牡丹作品构思、立意都要考虑类似的陪衬对象，很多时候画面背景是空白，但空白可以让读者想象出更多的意境。

2. 章法布局

在构思立意的基础上，将原来没有想到的、不够具体的画面内容，通过精心安排组织在画面上。章法布局主要看两点：一是款式，如条幅还是中堂，横幅还是小品；二是经营位置，也叫构图。纵然构思立意很好，如不能很好地发挥笔墨和色彩、技法的作用，也不可能成为艺术品。

3. 宾主关系

宾主关系有几重含意，一是两种或两种以上的花，同在一个画面，有主有宾，不能对立平等，更不能喧宾夺主。二是以一种牡丹花为主，陪衬物为宾。一般而言，写实为主，虚写为宾。实处居中、靠前、黑白分明、强烈浓重。宾者相反，位置偏倚、轻淡平和等。但有时则相反，如主体花头小而淡，客体

（石头等）大而重，以烘云托月之法，突出一个或一组主体的姿容。

4. 呼应关系

宾主除了烘托、映衬关系，还有呼应关系。其中有主体与客体之间的呼应关系，还有主体花各部位与客体花各部位之间的呼应关系，如上下呼应关系，左右呼应关系。各种呼应关系是花卉人格化的动作语言，它可以表达花卉的顾盼生情、一呼百应、交头接耳、上下和睦等情趣。

5. 施黑布白

构图中的物体（黑处）要设置意境（白处）。画面中常见黑中有白或叫实中有虚，如在形体之间隙，表现空间、层次、光线和动势等。也有白中有黑，也叫虚中有实，比如画面背景的天空等，要知道黑与白的具体所在、所指，这样就不难知道施黑布白的依存关系。因此，有时大空布白可能占据构图面积的50%以上，却不觉得空调苍白。有时空白仅占微乎其微的比例，而不觉得紧张迫塞。实体与布白并存的位置及其相互制约的关系，会使人联想到空白的实际内容。这种"计白当黑"越复杂的地方越要空，不空不灵，空处见灵，方为上乘。例如：空白处出现蜂飞鸟鸣，很容易令人联想到空白是晴朗的天空等。

6. 均衡关系

在一幅牡丹作品中，画面搭配协调、稳定，即构图达到了均衡的要求。但是不能一味地追求均衡，要在均衡中求对比，矛盾中求均衡。例如：出枝在画面正中，主体花居画面中央，看来没毛病，实际是最不足取的构图。合适妥帖的安排，应是主体花位置在画面的左上方或者右上方，避开正中位置，其势向对方发展。怎样才能做到主体不居中，又协调稳定呢？主要取决于花、枝和叶的构图。花位于画面的一侧，另一侧以几片叶或一枝老干向反方向"拉"，这就构成了倾而不"倒"的稳定局面。这种以少胜多的均衡法则，有犹如秤砣压千斤的妙处。

7. 意藏笔简

喜藏之法，即在画面上某些部位，花、叶向背、低重或侧转，含蓄、羞怯，似有含而不露，礼让回避之状。这种画法比实藏直隐更富有奇幻神秘的色彩，将画面上某些部位推远，貌似外露，实际却隐藏了大量细节。利用"远人无目""远山无石"的手法，节俭大量笔墨，更烘托主体，使视露部分更具亲近动人之感。

8. 题款用印

题款用印是中国画构图的一个组成部分。一幅牡丹画完成以后，在适当的地方落款，题诗、姓名、地址等，对作品起着丰富完善的作用。有在经营位置时将落款设计在内的，也有在画作完成后再酌情处理的。在一幅作品中，某处空乏单调、不够完整、份量不足，可借款补充，特别是折枝花的枝干部位，借题单款，得以充实、完善和稳定。画面庞杂、散乱者，可用长款从上到下或从左到右等方位贯穿整个画面，使零乱的画面连结为整体。

落款有时能与构图画面平分秋色，并与之成为上下、左右平衡呼应关系。题款可丰富画面。画面墨色平淡者，可题几个重墨字，平中见奇，打破平淡，夺目提神。若落款于石头上或枝干等旁边，不仅可以丰富色彩，同时可增加层次感。落款还能起到使作品图文并茂而具有形式上的诗情画意的作用。题款要合位置，否则，稍有不慎，则伤画面。落款有题或无题，必须视画面布局而定，不要布局程式化。画意完美，不题则佳，题则伤其画面。清·陆时化说："书画无款，非病也"。题款有长款、穷款等。不论行数长短、单款双款、横题竖题，必须是画面的有机组成并与整体布局相合，书写大、小、正、草等皆以画面协调为准。

用印。印有朱文（阳刻）、白文（阴刻）等，内容分姓名印、别号印、斋室印、闲印等。用印要得法，用阳还是用阴，用单印还是用多印，要根据风格选择，以画面和谐、醒目为准，两颗印以上者要有阴阳搭配，聚散错落之变化，具有视觉均衡感。

附录一 菏泽牡丹之都非遗项目

　　菏泽是中华民族的母亲河黄河入鲁第一市，古称曹州，历史悠久，人文荟萃，是中华文明重要的发祥地之一，是伏羲之桑梓、尧舜之故里，是历史上黄巢起义的重要源头之一。产生的在中国历史上具有一定影响力的人物有晋代政治家卞壶、北魏文学家温子昇、唐代军事家徐世勣、元末农民起义军领袖郭子兴等。

　　牡丹区是菏泽市政治、经济、文化的中心，是菏泽祖源历史文化的核心区，拥有丰富的非物质文化遗产，这些多姿多彩的非物质文化遗产，是世世代代生活在这块土地上的先民智慧的结晶，充分体现了牡丹区人民的创造力，是建设经济文化可持续发展的宝贵资源。

　　近年来，牡丹区非遗保护中心认真贯彻"保护为主、抢救第一、合理利用、传承发展"的方针，充分发挥政府的核心和主导作用。对每个项目的文本资料、图片资料、音像资料和珍贵实物进行了收集、分类、整理，建立了牡丹区非物质文化遗产档案资料室、遗产资料数据库和珍贵实物陈列厅。截至目前，牡丹区拥有国家级非遗项目5项、省级非遗项目9项、市级非遗项目26项、区级非遗项目60项。何西良、李广福、陈素景等被批准为国家级非物质文化遗产传承人；穆绪建、李双虎、张玉芳、李芳亮、贺爱丽等被批准为省级非物质文化遗产传承人；陈勇、葛秀英、赵东民、马宪荣等被批准为市级非物质文化遗产传承人。

　　非遗保护工作是一项功在当代、利在千秋的事业，牡丹区广大非遗文化工作者做了大量卓有成效的工作，不仅保存了珍贵的资料，也拓展了文化资料的发掘和利用的空间，精选牡丹花30项非遗项目并向广大群众宣传，旨在提高人民群众对非物质文化遗产保护重要性的认识，营造保护非物质文化遗产的良好氛围。

一、武术项目

（一）大洪拳

起源于菏泽的大洪拳源远流长、内容丰富、自成体系、普及广泛，是优秀的民族传统文化，堪称中华武林的一枝奇葩。

据菏泽当地大洪拳名家介绍和《大洪拳拳谱》记载，明天启元年（1621年），菏泽朱楼李庄李先明师从云游至此讲经传艺、精通武术的五台山高僧灵空禅师学习黑虎拳，经十几年潜心修炼，终得灵空禅师武术绝技真传，成为当地显赫一时的武林高手。此后，李先明博采众长，经多年苦心钻研，以黑虎拳和自身的武术功底为基础，从动作、内容、理论、练功方法、拳术套路各方面予以革新，创造出一种新的武术运动形式，即今日大洪拳的雏形。经明、清两朝近四百年一代代大洪拳习练者的精修细研，形成今天内容丰富、特点鲜明的大洪拳。

大洪拳 2008 年被批准为第二批省级非物质文化遗产代表性项目，是我国传统武术文化的重要组成部分，具有大开大合、刚柔相济、舒展大方、观赏性强的特点，有单练、对练和表演套路近 200 种，许多大洪拳名家在内外功法、动作、套路、技击、健身、养生、长寿等方面有丰富的实践经验，对推动我国传统武术文化的传承与发展具有重要研究价值。

（二）八卦掌

菏泽自古尚武，早在明代就与徐州、沧州、青州并称全国四大"武术之乡"，这里民风彪悍，习武之风甚烈。当地民谣唱到："一月二月去踢腿，松松拉拉打个滚；三月四月去练拳，比比划划自顾玩；五月六月练大刀，悠来晃去挑眉梢；七月八月练长枪，手脚划破脸扎伤；九月十月练棍棒，一棍打得屋梁晃；十一十二功练完，回家吃碗羊肉丸。"

八卦掌的特点是身捷步灵，随走随变，与对方交手时身体起伏拧转，敏捷多变。其基本功以桩步、行步为基础。身形要求顶头竖项，立腰溜臀，松肩垂肘，实腹畅胸，吸胯提裆。步法要求起落平稳，摆扣清楚，虚实分用，行步如蹚泥，前行如坐轿。主要手法有推、托、带、领、搬、拦、截、扣、捉、拿、勾、打、封、闭、闪、展 16 法。八卦掌具有民间性的特点，千百年来有广泛的群众基础和旺盛的生命力，深受广大人民群众的喜爱，其表现方法广泛应用于戏曲、杂技、舞蹈、影视等各艺术门类，有力地促进了戏曲、杂技、舞蹈、影视等艺术的发展。在养生、长寿和防身、自卫等方面均具有重要作用，是提高国民素质的主要内容和手段。

（三）梅花拳

梅花拳自清朝时期传入菏泽，距今 300 多年历史，最初以父子相传的家传形式在民间流传，又称为"父子拳"。因初时在桩上习练，亦称梅花桩，布桩图形有北斗桩、三星桩、繁星桩、天罡桩、八卦桩等，后为演练方便，改在地面演练，故梅花拳又称为落地干枝五势梅花桩。

梅花拳技击技术全面，讲究上、中、下三盘打法，上盘勾搂刨打、崩挑劈砸、刁拿锁带，中盘有欹懈柔化、辗转扭蹭、围身靠打，左右掌拨，下盘勾挂踩踏、踢蹚拔缩、前后扫腿，打的是一身之法，头、肩、肘、手、腕、胯、膝、腿、脚、上中下、前后左右均能应付，有特殊的练功方法，注重实战。梅花拳的传承中，以德育人、以善为本、以义服人、以仁爱人，倡导"和为贵""善为宝""忍为高""百善孝为先"的传统美德。其"锻炼身心、治病救人、技击制敌、开发智慧"的功能至今未变，历尽沧桑，至今仍能保持着精髓和原貌。

（四）掌洪拳

掌洪拳以菏泽冯屯为核心，在济南、济宁、东营、聊城、德州、枣庄等广为传播。另外，掌洪拳在河南开封、洛阳，江苏丰县、沛县，安徽砀山、合肥，山西运城、临汾，河北沧州、涿州，陕西西安、铜川，广东佛山等地及黄河中下游地区不乏练习者。在民间传习的掌洪拳内容丰富，据不完全统计包括：拳术套路、长短兵器、软硬兵器、徒手对练、器械对练、气功点穴、暗器擒拿、散打等近 200 种。

掌洪拳的风格迥异，特点鲜明，功架舒展大方，刚劲有力，大开大合，刚柔并济，结构严谨，朴实无华，内外兼修，以内功为主，注重实战，并与强身健体、祛病延年相结合。

近年来，由于受市场经济、资金匮乏等多方面因素的影响与制约，部分掌洪拳武馆相继停办，习练掌洪拳的人越来越少，部分老拳师年事渐高，一些绝技面临失传，鉴于此，掌洪拳这一传统武林瑰宝的有序传承与可持续发展问题堪忧，亟须社会予以关注。

二、曹州面塑

曹州面塑历史悠久，相传其源流可溯及尧舜时代，它是在古代祭天地、敬鬼神的"花供"基础上发展起来的。以菏泽市牡丹区为中心在山东发展，并扩展至冀、豫、皖、苏周边几省。

曹州面塑自郝胜、杨白四、王清源、郭湘云开始，150 余年来，经过面塑师傅的口传身授，发展成为一种集观赏和把玩于一体的民间工艺品。到 20 世纪 20 年代，出现了著名的代表人物李俊兴、李俊福兄弟，李俊兴擅长捏才子佳人，李俊福擅长捏制武将侠客，两兄弟并称"文武二李"，确立了曹州面塑在面塑史上的地位。

曹州面塑 2008 年被批准为第二批国家级非物质文化遗产代表性项目名录，目前拥有国家级传承人 1 人，省级传承人 4 人，并广泛收徒传艺，多次走进学校、社区和庙会。马岭岗镇穆李村被批准为山东省非物质文化遗产保护基地和传统技艺工作站，成立了牡丹区面塑协会，历年来，斩获国家国际奖项 20 余次，深受广大人民群众的喜爱。

三、戏曲产业

（一）大平调

山东梆子属地方大戏剧种，距今已有 500 多年的历史。起源于山东菏泽和河南濮阳、滑县一带，流布区域跨越冀、鲁、豫、苏、皖五省边缘地带，西到河南郑州、周口市淮阳区；南到江苏徐州、安徽亳州；北到河北大名、磁州；东到济宁等地。

大平调 2008 年被批准为第二批国家级非物质文化遗产代表性项目名录。传统剧目有 1 000 多个，流传至今的有 700 多个，经常上演的有 180 多个。剧目多以历史题材为主，角色以生、净为多，形成了大平调剧种黑红花脸戏多、武打戏多、袍带戏多的表演特色。大平调具有粗犷豪放、通俗易懂、生活气息浓厚、伴奏乐器独特的特点，深受广大人民群众喜爱。民间有"四大扇，尖子号，要听还是大平调"的说法。具有重要的艺术研究价值、文学价值和使用价值。自清道光中期（约 1830 年）至今 190 多年来，先后涌现出了魏守现、魏兰芝、岳秀海、夏秀田、张全臣、陈贵馨、申德高、郭盛高、何西良等代表人物。

（二）鲁西南鼓吹乐

鲁西南鼓吹乐作为我国北方鼓吹乐的一大支脉，久负盛名。鲁西南因而也被誉为"鼓吹乐之乡"（俗称"唢呐之乡"），在全国有较大影响。

鲁西南鼓吹乐艺术历史悠久，建造于东汉末年的嘉祥武氏祠内的六块石刻上生动描绘了当时鼓吹乐舞曲的场面，其中左石室第三石上有隔完整的鼓吹乐舞场面，可见当时鲁西南已有了相当成熟的鼓吹乐演奏艺术了。

以菏泽为中心的鲁西南鼓吹乐，主要分布于菏泽和济宁、枣庄的部分县（区），其中以菏泽市牡丹区、巨野县、单县、鄄城县最具代表性。著名的鼓吹艺人有：袁子文、任同祥、和贯贤、张玉柏、李广福、王学光、张玉芳等。代表性曲目有《百鸟朝凤》《抬花轿》《大合套》《大笛揽》《一枝花》《锁南枝》等。

（三）山东琴书

山东琴书，是民间曲艺长期发展的产物，距今已经有 300 多年的历史。反映了菏泽地方群众的社会生活。

山东琴书的演唱主要以曲牌演唱为主，主要运用上河调、凤阳歌、垛子板和汉口垛等十八个演唱曲牌，山东琴书传统的演唱讲究稳重大方，演唱者正襟危坐，仪态端庄，目不斜视。随着历史的演变和艺术本身的发展，山东琴书的演唱逐渐打破了演唱陈规。演唱者可根据故事内容情节的发展和人物感情的变化，面目呈现传神的表情，有时亦可略加手势以助表演，演员之间在演唱中可进行感情交流，还可与观众直接进行感情交流，但其演唱风格依然保持了稳重大方的基本特点。

牡丹区琴书的传统代表性节目有很多，经常下乡演出的琴书有《呼家将》《杨家将》《移风易俗退彩礼》等七八十部，琴书艺人在表演中宣传国家政策，宣扬中华民族的优良传统。

四、民间文学——尧的传说

2013年，国家主席习近平视察菏泽时讲到："菏泽，传说是伏羲之桑梓，尧舜之故里，先为商汤之京畿，继属曹国之疆土。"菏泽是史前尧帝主要活动地区之一，尧兴于斯，葬于斯。有关尧的传说更是俯拾皆是。

尧的传说集思想性、正义性、趣味性于一体，如《尧王审马》讲述的是，给尧王大军送军草的车夫，由于天晚在外露营，没想到拉车的骡子被别人换成了一匹又瘦又老的懒马，车夫将此事状告到尧王那里。尧王看看马，说："你把马给我，三天后还你骡子"。三天后，尧王上堂大叫一声："带罪马！"马牵过来以后，尧王问："罪马，你是何人所养？如何换的人家骡子？要从实招来！"马咋会言语。尧王又说："既然不招就给我打四十皮鞭！"打了之后这马还是"不招"。尧王又说："念你初犯，放了你吧！"马已饿了三天，又挨了四十皮鞭，撒缰以后，就拼命往外跑。尧王就安排人在后面跟着。没多大会儿，派出的人就牵来了一头骡子，还捆着个人。破案后，众人问尧王："你怎敢放走瘦马啊？"尧王轻轻一笑："半夜换马，作案人肯定不会太远，再加上老马识途，我怎么不敢放呢。"从此有了"老马识途"这个成语。

尧的传说2011年被批准为第三批国家级非物质文化遗产代表性项目名录。尧的传说扎根民间，所涉地理风物、民风民情、引典佐证等使人经久难忘，已成为尧文化研究的重要资源。

五、传统技艺

（一）曹县木雕

曹县气候湿润、树木较多，有榆树、松树、柏树、黄杨，这些树木为木雕的制作提供了素材。曹县木雕经过多代传承和创新，技艺得到很大提高，题材也丰富多彩，可制作各种产品，包括建筑物、家庭饰品、门窗、桌椅等。菏泽木雕涉及范围较广，小到昆虫，大到动物、植物、历史人物，或民间传说等。木雕按表现形式的多样性以及雕刻的木材质地的不同，分为圆雕、浮雕、透雕、线雕。题材上丰富多彩，如体现尧舜文化、牡丹文化、忠义人物及佛教思想、儒道思想等，形成了独特的文化现象。

曹县木雕2018年被批准为菏泽市第六批市级非物质文化遗产代表性项目。体现了古曹州时代人们对日常生活用品的审美需求。传承人李彦锋依托菏泽木雕非遗项目，成立了菏泽市匠工木雕文化有限公司，为菏泽经济发展做出了较大的贡献。

（二）曹州刻瓷

曹州刻瓷是一种用刀、锤等工具在陶瓷上雕刻图案并涂色的传统手工技艺，在陶瓷刻胎、印记的基础上发展而来，至今在国内外广为流传，是中华艺术瑰宝中不可或缺的一员。

曹州刻瓷兴起于清朝同治年间，至今150多年的历史。牡丹区吴店镇鹁鸽堂村马氏先人马树槐，当时从事在陶瓷碗、盘、瓶上刻字及花鸟虫鱼等简单刻瓷装饰及修补手艺。曹州刻瓷当前主要传承人为第五代传承人马宪荣。曹州刻瓷主要包括设计、雕刻、着色三大基本工序，其花色、种类繁多，有纯欣赏、造型各异、型号不一的瓷板、盘、瓶，题材广泛，内容健康向上，特别是刻瓷牡丹，充分凸显了牡丹文化与菏泽地域特色。

曹州刻瓷2021年被批准为第五批省级非物质文化遗产代表性项目。其独特的艺术形式记载着当地的人文地貌、民风民俗和历史变迁，配合政府宣传党的方针政策，融入身边的感人故事，以其艺术魅力教育、鼓舞他人，为建设文明新菏泽增砖添瓦，同时具有很强的历史和民俗研究价值。

（三）曹州耿饼

曹州耿饼产于山东菏泽赵王河两岸，由曹州镜面柿加工而成，在明、清时期为皇家之贡品，距今已有1 000多年。曹州耿饼橙黄透明，自溢柿霜，细致柔软，味道甘甜浓郁，营养丰富。据《本草纲目》记载和现代医学研究，耿饼可治肠胃病、止血解毒、软化血管、降火、降压、降糖、润肺止咳，柿子霜对治疗慢性咽炎、口腔病有独特功效，并有一定的防癌作用。

耿饼历史悠久，相传前朝时期曹州府有一耿氏族人在宫廷做御厨，每逢春节探乡回家时总是给皇上奉上几大盒曹州耿氏制作的柿子饼，皇上食后，高声赞叹，此饼乃是上品，何家所奉？皇上得知此饼是宫廷御厨耿氏所奉后传旨，将此饼更名为"曹州耿饼"，并规定凡曹州生产的柿子饼均予以免交官税，并赐免税碑记一座。该碑现仍在菏泽开发区丹阳办事处桑海社区院内。年复一年，曹州耿饼流传至今。

（四）曹州井氏养蜂技艺

曹州井氏养蜂技艺起源于清朝光绪 33 年，由菏泽市牡丹区牡丹街道夏庄村井氏先人井复恒在鲁中山区采药时，从山上带回一窝蜜蜂，在家繁养，由此开始，便开启了井氏家族几代人的养蜂之路，至今已有 100 多年的历史，现已传承至第六代。

曹州井氏养蜂技艺秉承古法喂养，沿用定地结合转地的放蜂模式，运用树桶蜂箱和活箱活筐养殖方法，提倡"强群取蜜，以蜜养蜂"的养蜂观念，遵循自然法则，尊重蜜蜂生态，从养蜂的范围和酿蜜的种类来讲，曹州井氏养蜂人足迹遍布南北好多省份，蜂蜜多达十几个类别。

曹州井氏养蜂技艺坚持单王饲养，不改变蜜蜂在自然界中的生活状态，不人为去干扰蜜蜂的生活习性，这种养蜂方法可以提高蜂蜜在蜂巢内的酿造周期，不会引起分蜂热现象，这样取出的蜂蜜浓度更高，营养更丰富，可储存的时间更久。

（五）李磨油小磨香油制作技艺

李磨油至今已有 400 多年的历史，明嘉靖二年李磨油先祖李南，从金乡逃荒至菏泽西北 8 里，以磨油为生。

李家二十六世传人，李国顺承袭李氏家族祖传"冷磨凝香"的工艺，依古法、用小磨，百转千回，磨出的油滴滴醇香。每一滴香油承载着李氏家族二十几代人的技艺，李磨油"冷磨凝香"的工艺对研究中国历史文化和饮食文化有着重要作用。由于这种传统工艺工序繁多，整个生产工序都不能进行现代化的操作，全凭技术工人经验进行生产，因此，掌握这项工艺的人也越来越少。

为了让品牌发扬光大，李国顺在 2006 年将香油磨坊发展成为李磨油食品有限公司，在继承传统工艺的基础上，扩大规模，让李磨油的"冷磨凝香"的传统技艺有了更好的传承与发展。李磨油食品有限公司现已经发展成为集芝麻种植及小磨香油研发、生产、销售于一体的专业化香油产业链企业，产品销售除覆盖整座菏泽城外，还远销到济南、临沂，以及北京、西安、新疆等全国各地。

（六）吉家烧鸡制作技艺

吉家烧鸡制作技艺由吉振岐（1880—1946 年）在清代末期创制，已有百年历史。

第四代传承人吉永华，思路开阔，经营理念超前，不满足在老家作坊式经营，乘国家改革开放的东风，1986 年毅然在菏泽繁华地段人民剧院南侧，创办了"老地方大酒店"，并逐渐扩大规模经营，可容纳 700 人同时就餐，在菏泽城区颇有名气，也是菏泽市第一批私营酒店的带头人，规模、档次堪称菏泽一流。吉永华严守家规，严把质量关，使吉氏烧鸡名声不断扩大，从初加工、上色油炸，到秘制汤锅中焖制，尤其是 30 余种中药材料包配比，都做到了量化，焖制时间不低于八小时，否则绝不出售。在继承传统技艺的基础上不断创新和发展，经过不懈的努力，他经营的招牌菜"吉氏永华柴烧鸡"名扬菏泽市各县区，其标准化、数量化上升到更高层次。自在菏泽市经营以来，由于依法经营，信誉不断提高，多次被菏泽市、牡丹区评为"消费者满意单位"，所经营的招牌菜"吉氏永华柴烧鸡"屡次在菏泽市烹饪比赛中获奖。企业 2015 年11 月被山东省商务厅、山东省烹饪协会授予"齐鲁名师"称号。2020 年 1 月被菏泽市商务局授予"老字号"称号。

六、民间艺术

（一）曹州剪纸

曹州剪纸来源于劳动人民的生活实践，与中国剪纸艺术一脉相承，又独具特征，寄托着人们的理想和信念，抒发着创作者的喜怒哀乐，应用在日常的婚丧嫁娶等活动中，点缀在喜庆什器、门窗、家具和墙壁上。现在的剪纸作品已打破过去的局限，从过去的单色剪纸发展到今天的多彩套色剪纸，又从套色剪纸发展到立体剪纸。这种剪纸艺术的创新，在首届国际剪纸艺术节大展中，成为稀有而独特的艺术珍品，得到专家们的认可和好评，目前，曹州民间剪纸作品，已走出国门，受到国际友人的好评。

曹州剪纸，有些是通过神话故事体现我们的民族理想、抱负以及高尚的道德情操，这是剪纸艺人们爱国家、爱民族、爱家乡的具体表现，也是剪纸艺术永恒的主题。

曹州剪纸，是千百年农耕文明所形成的艺术体系的重要组成部分，具有较高的学术价值和艺术价值，是研究中华民族文化的"活化石"。

（二）曹县泥塑

曹县泥塑是采用黄河淤积地下的胶泥为原料，手工捏制塑造各种形象的一种传统民间手工工艺。胶泥中要掺入少许棉花纤维，经过反复捶打、摔、揉，储存醒放后，再由下而上，由内及外，从整体到局部，捏制成想要的形象，经阴干，涂上底粉，再施彩绘。主要表现形式有塑像、场景、摆件和玩具等。

曹县泥塑有庙宇佛像、传统故事人物、民俗场景等。所塑作品具有鲜明的现实主义艺术特色，古朴典雅，制作精巧，形象逼真，能真实地刻画出人物性格、形态。

曹县泥塑的传承主要以口传心授为主，辅以展览展示、课堂讲座和亲身体验等方式进行活态传承。通过将传统泥塑与现代雕塑技法相结合等实践形式，在继承传统的基础上努力创新。

曹县泥塑具有朴实、直观、真实的特点，具有强烈的视觉冲击力，欣赏角度也极为丰富和多样化，更能贴近于人们的生活。曹县泥塑作品种类繁多，题材丰富多彩，到目前为止，曾塑造过的题材有 5 大类、1 000 余个品种，泥塑作品造型完整统一，夸张而又情真，简洁而不粗俗，特别讲究体格比例对称，色彩鲜艳协调，雕塑精致准确。不论是实物或是照片，均可雕塑，且造型惟妙惟肖，栩栩如生。

（三）菏泽斗羊

菏泽斗羊作为一项传统文化项目，一般出现在重大节日、丰收庆典上。随着人民生活水平的提高，对文化生活的需求增加，菏泽斗羊活动更加频繁，流传至今。

菏泽斗羊，从选羊、喂养到养护都很有讲究。其中，选羊只看年龄，不分体重，一对牙属于成年羊就可以被选为初斗羊。参与斗羊的羊最好处于壮年期。斗羊早、晚各喂一顿，饲料是添加了豆粕和玉米粉、麦麸皮等富含高蛋白的精饲料草料。斗羊比赛开始前，两羊拉开 30～50 米的距离，斗羊人同时松手，两羊相撞，过程中产生的撞击力量相当于单只羊体重的 3 倍，撞击 10 次为一个回合，以一羊放慢速度或躲避碰头来判断输赢，最终赢的一方被封为该场的羊王。

菏泽斗羊文化历史久远，传至今日发扬继承这一民俗文化者少之又少，有丰富经验的平均年龄已年过八旬，现在的年轻人很少懂得传承民间古老文化的重要性，因此，保护并发扬菏泽斗羊文化任重而道远。

（四）蹬技

在汉代的百戏杂技节目中已经出现蹬技的技艺形式了，北宋时期，蹬技演员腿脚功夫进入高水平时代。据史料记载，明万历年间蹬技传入菏泽地区，清代时已成为菏泽地区不可缺少的娱乐项目。

蹬技表演者仰卧在头低臀高的睡垫上，双腿合上，将各种轻重的道具放在脚上，靠腿的力量，脚的技巧使不同的道具在脚上旋转，翻腾，改变角度，做出不同花样，这样的表演难度较大，需要脚部动作非常还灵活。

21 世纪以来，由于多方面原因，部分杂技学校相继停办，习练杂技的人越来越少，许多杂技团因不能适应新时代的变化而倒闭，蹬技艺人谋生困难；部分杂技蹬技演绎者因其年事已高，一些绝技面临失传。有鉴于此，蹬技这一传统杂技瑰宝的有序传承与可持续发展问题堪忧，亟须相关方面予以关注。

七、传统医学

（一）荆氏经络点穴疗法

荆氏经络点穴疗法（以下简称点穴疗法），是我国传统医学宝贵遗产的一部分。医者根据不同疾病与病情，在患者体表适当的穴位或特定刺激线上，用手给予点、按、掐、拍、叩、推等不同手法的刺激，通过经络的作用，使体内气血畅通，促使已发生障碍的功能活动恢复正常，从而达到治愈疾病的目的。

菏泽市牡丹区王浩屯镇荆集村荆克中先生，上世纪 50 年代出生于中医世家。200 多年前，荆克中先生八世祖荆学曾出生于牡丹区，自幼习武，武艺高强，曾在清朝军队当医生，擅长治疗跌打损伤、脱臼、腰腿疼，尤其擅长点穴术。祖上的医术、点穴术、武术一代代在牡丹区传承下来，直到曾祖父荆水银、荆水山这一代，将传统医术发扬光大。

荆氏经络点穴疗法 2021 年被批准为第五批省级非物质文化遗产代表性项目。目前主要传承人为荆克中，他自小喜欢武术，继承了祖上传下来的武术、医术和点穴按摩术，并吸取了其他门派的武术精华，使这些技术得以发展和完善，深受广大群众的欢迎。

（二）王氏穴位卡灸疗法

王氏穴位卡灸疗法，分布范围主要集中在山东菏泽市牡丹区、山东泰安市，山西晋中市、临汾市、太原市一带，其他省份及地区也有零散分布。经过600 余年 25 代人的传承，虽没有实现把这一独门技法广泛地在全国普及，但传承有序，较完整地传承至当今时代。本疗法集中国传统的"针灸"及"点穴"疗法于一体，以卡灸代针，点压代刺，既具针灸精准、持久的特点，又有点穴安全、广泛之优势，是"针灸"与"点穴"的完美结合，是一种符合世界卫生组织所提倡的无损伤性治疗的绿色自然疗法。

王氏穴位卡灸疗法，主要是通过穴位布置进行卡环刺激，卡环分特大、大、中、小、特小等多种型号，用于人体耳、手、腕、掌、指、臂、腿、膝、踝等部位，其实施形式似灸非灸，似针非针，即可以达到针灸的效果，还能避免针灸带来的危害，具有很高的学术价值、社会价值和文化价值。

附录二　菏泽传统武术优势项目之一——太极拳

太极拳是中华民族历史悠久的传统武术瑰宝，同时也是菏泽市传统武术领域的三大强项之一，广受市民群众的青睐。近年来，菏泽市积极挖掘和利用菏泽作为"武术之乡"的独特优势，着力打造太极拳等体育项目品牌。在全省太极拳比赛中，菏泽市代表队屡创佳绩，展现了卓越的竞技水平。同时，太极拳运动也逐渐成为引领菏泽市全民健身活动的新潮流。

2020年12月17日，我国单独申报的"太极拳"经联合国教科文组织保护非物质文化遗产政府间委员会评审通过，列入联合国教科文组织人类非物质文化遗产代表作名录。太极拳迎来了在世界舞台上的"高光时刻"。这标志着太极拳作为全人类的共同文化遗产，得到了世界的广泛认同。在新时代，发扬光大太极拳运动，对于弘扬优秀太极拳文化和坚定文化自信意义重大。从理论视角，要坚持守正创新，进一步弘扬优秀太极拳文化，深入研究太极拳运动的内在规律，进一步挖掘和丰富其文化内涵，更好服务武术专业学科建设，更好服务健康中国建设，更好增强人民体质，让优秀文化瑰宝在新时代闪耀出更加绚丽多彩的光芒，更好造福全人类。

体育健康教育和创新实践是我国高等教育现代化的重要内容，是促进高校高质量发展的重要内涵，在高等教育中具有举足轻重的地位和作用。要坚持以习近平新时代中国特色社会主义思想为指导，以党的教育方针为根本遵循，以为党育人、为国育才为目标，以高校体育改革为动力，落实立德树人根本任务，坚持健康第一的教育理念，培养德智体美劳全面发展的社会主义建设者和接班人，为文化强国、教育强国、人才强国、体育强国、健康中国建设提供智力和人才支撑，不断谱写高校体育改革与高质量发展的新篇章。坚持调查研究法、对比分析法、实地调研法、典型示范法、查阅文献法等科学方法。从太极拳运动具有重大的理论价值、重大的实践价值、重大的时代价值三个视角阐述太极拳运动的重大意义。从太极拳运动有很好的群众基础、太极拳体育教育有很好的历史积淀、太极拳运动有社会组织的积极参与、人民群众对太极拳运动的新需求、高校为太极拳运动提供人才支撑、典型案例分析六个方面阐述太极拳运动的优势。从大脑支配下的意气运动、身躯放长的弹性运动、顺逆缠丝的螺旋运动、上下相随的虚实运动、内外相合的节节贯串运动、绵绵不断的一气呵成运动、刚柔并济的运动、静如山脉快如闪电的快慢相间运动八个方面科学分析（陈氏）太极拳运动的突出特点。从专业性人员总体数量不足和高水平专业性人员短缺，太极拳运动区域发展不平衡，健康服务供给总体不足三个主要方面分析太极拳运动存在的问题与成因，从实施太极拳政策导向工程、太极拳人才工程、"武术（太极拳）＋"模式创新工程、多元参与工程、国际化交流工程、太极拳产业化工程、文化武术弘扬工程、合作共赢发展工程八个方面研究提出了加快太极拳运动发展的对策建议，有较强的针对性、指导性、实效性。

陈俊愉，1989. 中国十大名花 ［M］. 上海：上海文化出版社 .

陈俊愉，1996. 中国农业百科全书：观赏园艺卷 ［M］. 北京：中国农业出版社 .

陈俊愉，2001. 中国花卉品种分类学 ［M］. 北京：中国林业出版社 .

陈俊愉，程绪珂，1990. 中国花经 ［M］. 上海：上海文化出版社 .

陈平平，2000. 中国宋代牡丹谱录种类考略 ［J］. 南京晓庄学院学报（4）：1-8.

陈平平，2008. 我国元代观赏牡丹的再研究 ［J］. 南京晓庄学院学报（3）：64-70.

陈涛，2019. 唐宋时期牡丹栽培技术的传承与发展——兼论栽培牡丹的出现时间 ［J］. 自然
　　辩证法通讯，41（11）：50-55.

陈怡平，丁兰，赵敏桂，2001. 用紫斑牡丹不同外植体诱导愈伤组织的研究 ［J］. 西北师范
　　大学学报（自然科学版），37（3）：4.

陈植，1981. 观赏树木学 ［M］. 北京：中国林业出版社 .

成仿云，1994. 牡丹史话（二）［J］. 园林（6）.

成仿云，1994. 牡丹史话 ［J］. 园林（5）.

成仿云，1997. 美国芍药牡丹协会与美国芍药牡丹的发展 . 西北师范大学学报（自然科学
　　版），33（1）：110-115.

成仿云，2002. 牡丹国内外生产状况及市场特点 ［J］. 中国花卉园艺（3）：3.

成仿云，陈德忠，1998. 紫斑牡丹新品种选育及牡丹品种分类研究 ［J］. 北京林业大学学
　　报（2）.

成仿云，李嘉珏，1998. 中国牡丹的输出及其在国外的发展 Ⅰ：栽培牡丹 ［J］. 西北师范
　　大学学报（自然科学版）（1）：112-119.

成仿云，李嘉珏，于玲，1998. 中国牡丹的输出及其在国外的发展 Ⅱ：野生牡丹 ［J］. 西
　　北师范大学学报（自然科学版）（3）：106-111.

成仿云，李嘉珏，于玲，1998. 中国牡丹的输出及其在国外的发展Ⅰ：栽培牡丹 ［J］. 西北
　　师范大学学报（自然科学版）（1）：109-116.

成仿云，王友平，1993. 牡丹嫩枝生根的细胞组织学观察 ［J］. 园艺学报，20（2）：5.

戴松成，2008. 国花牡丹档案 ［M］. 开封：河南大学出版社 .

董健丽，2001. 漫谈牡丹及牡丹纹瓷 ［J］. 陶瓷研究（3）：5.

高志民，王雁，王莲英，等，2001. 牡丹、芍药繁殖与育种研究现状 ［J］. 北京林业大学学
　　报，23（4）：5.

庚鑫，刘阳河，2014. 牡丹油之父的中国梦——记菏泽瑞璞牡丹专家赵孝庆教授 [J]. 绿色中国（18）：36-39

郭霞，张桂荣，赵孝庆，等，1999. 凤丹实生苗嫁接观赏牡丹技术 [J]. 东林业科技（3）：47-48.

菏泽市地方志办公室，2003. 菏泽牡丹志 [M]. 香港：银河出版社.

洪涛，张家勋，1992. 中国野生牡丹研究 [J]. 植物研究（12）：314.

江泽慧，2001. 中国牡丹名品及文化艺术鉴赏 [M]. 北京：中国林业出版社.

江泽慧，王建国，2001. 中国牡丹名品及文化艺术鉴赏 [M]. 北京：中国林业出版社.

蒋立昶，赵孝知，1965. 菏泽牡丹栽培技术 [M]. 天津：天津科技出版社.

金研铭，徐惠风，李亚东，1999. 牡丹引种及其抗寒性的研究 [J]. 林农业大学学报（2）.

景新明，郑光华，裴颜龙，等，1995. 野生紫斑牡丹和四川牡丹种子萌发特性及与其致濒的关系 [J]. 生物多样性（2）：4.

李保光，1994. 牡丹文化 [J]. 济宁师专学报（4）.

李嘉珏，1989. 临夏牡丹 [M]. 北京：北京科学技术出版社.

李嘉珏，1996. 中国牡丹与芍药 [M]. 北京：中国林业出版社.

李嘉珏，2005. 中国牡丹品种图志 西北·西南·江南卷 [M]. 北京：中国林业出版社.

李谨，耿金鹏，曹天光，等，2015. 太空诱变育种的研究进展 [J]. 北方园艺（14）：189-193.

李潇云，惠富平，2016. 唐人游赏牡丹考述 [J]. 农业考古（4）.

刘大勇，常建忠，孙保海，等，2000. 曹州牡丹秋季采种直播密植育苗技术总结 [J]. 山东林业科技（5）：2.

刘淑敏，王莲英，吴涤新，等，1987. 牡丹 [M]. 北京：中国建筑工业出版社.

刘翔，1995. 中国牡丹 [M]. 郑州：河南科学技术出版社.

倪圣武，2009. 紫牡丹、黄牡丹、大花黄牡丹引种与迁地保护研究 [D]. 北京：北京林业大学.

潘炳文，王振明，马远真，等，1996. 曹州牡丹不同时期嫁接成活率试验观察 [J]. 中草药，27（8）：2.

潘守皎，2021. 明清文人与曹州牡丹传播 [J]. 菏泽学院学报，43（3）：6-11.

祁庆富，金荣振，1995. 花王牡丹国色天香 [J]. 商业文化（5）：5.

萩屋薰，1987. 牡丹在日本 [J]. 现代日本，21（1）：20-23.

裘向尚，1988. 花卉试管繁殖 [M]. 台湾：五洲出版社.

史国安，郭香凤，韩建国，等，1999. 牡丹开花和衰老期间乙烯及脂质过氧化的研究 [J]. 西北农业大学学报（10）.

史国安，焦封喜，焦元鹏，等，2014. 中国油用牡丹的发展前景及对策 [J]. 中国粮油学报（9）：124-128.

史国安，杨正申，1997. 温度和化学药剂对牡丹切花乙烯释放及贮藏品质影响 [J]. 北方园艺（6）：2.

宋新立，2021. 中国牡丹文化大系 [M]. 济南：山东人民出版社.

田福忠，1998. 国花牡丹温室育苗催花栽培技术 [J]. 种子科技（2）：2.

王高潮，刘仲健，2000. 中国牡丹培育与鉴赏及文化渊源 [M]. 北京：中国林业出版社.

王广峰，2023，乡村振兴探究 [M]. 北京：中国农业出版社.

王建国，2001. 中国牡丹［M］. 北京：中国林业出版社．

王莲英，1997. 中国牡丹品种图志［M］. 北京：中国林业出版社．

王莲英，袁涛，1999. 中国牡丹与芍药［M］. 北京：金盾出版社．

王友平，1994. 牡丹嫩枝根接育苗的研究［J］. 西北园艺（2）：8-9.

王占营，2001. 牡丹芽接新法［J］. 河南农业（8）：1.

王志远，张冬洁，薛发军，2001. 牡丹花保鲜技术研究［J］. 洛阳工学院学报（自然科学版）（S1）：3.

魏文辉，王力军，覃瑞，2000. 牡丹切花衰老过程中内源激素水平变化的研究［J］. 湖北民族学院学报（自然科学版）18（4）：6.

翁梅，尹红征，张忠义，1997. 牡丹品种信息管理系统的研究［J］. 计算机与农业（3）：7-9.

萧柏青，1992. 曹州牡丹［M］. 上海：上海人民美术出版社．

谢静萱，1987. 枯枝牡丹的组织培养［J］. 植物生理学通讯（2）：53.

徐金光，陈相国，2001. 菏泽牡丹产业化发展的思考［J］. 山东林业科技（5）：2.

徐鑫，彭长安，张琪，等，2023. 涉农高校乡村振兴人才培养优化路径探索［J］，菏泽学院学报，5.

杨茂兰，1985. 历代咏牡丹诗词四百首［M］. 北京：中国展望出版社．

喻衡，1982. 菏泽牡丹［M］. 济南：山东科技出版社．

喻衡，1989. 牡丹花［M］. 上海：上海科学技术出版社．

喻衡，1993. 牡丹论文集［M］. 泰安：山东农业大学出版社．

喻衡，1998. 中国名花丛书——牡丹［M］. 上海：上海科学技术出版社．

袁涛，2000. 牡丹［M］. 北京：中国农业大学出版社．

袁志刚，2019. 历代牡丹题材绘画之表现技艺与文化意蕴研究［D］. 北京：中国美术学院．

张长征，2013. 菏泽牡丹商品品种图谱［M］. 天津：天津科学技术出版社．

张桂花，王洪梅，王连祥，2001. 牡丹组织培养技术研究［J］. 山东农业科学（5）：16-18.

张明春，刘新峰，晁红燕，等，2002. 菏泽牡丹生产状况及发展建议［J］. 山东林业科技（1）：41-42.

张圣旺，郑荣生，孟丽，等，2002. 牡丹花衰老过程中的生理生化变化［J］. 山东农业大学学报（自然科学版），33（2）：166-169.

张文娟，徐宝林，施觉民，1999. 牡丹根药理作用的研究［J］. 中国现代应用药学（2）：24-26.

张忠义，鲁琳，武荣华，等，1997. 牡丹品种种质资源评估模型［J］. 生物数学学报（4）：376-380.

赵海青，2016. 山东曹州牡丹民俗文化研究［D］. 广西师范学院．

赵兰勇，2004. 中国牡丹栽培与鉴赏［M］. 北京：金盾出版社．

赵潜龙，陈云，崔映平，1996. 甘肃紫斑牡丹大田催花试验初报［J］. 甘肃林业科技（2）：3.

中国牡丹编撰委员会，2002. 中会牡丹全书［M］. 北京：中国科学技术出版社．

中国牡丹全书编纂委员会，2002. 中国牡丹全书［M］北京：中国科学技术出版社．

周仁超，姚崇怀，2001. 紫斑牡丹胚培养与植株再生（简报）［J］. 亚热带植物科学，30（3）：2.

朱勇，韩社军，2002. 牡丹产业盛洛阳 [J]. 中国名牌（6）：2.

邹喻苹，蔡美琳，王子平，1999. 芍药属牡丹组的系统学研究——基于 RAPD 分析 [J]. 中国科学院大学学报，37（3）：220-227.

Buza L，Jcques M，Miginiac E，1994. Invitropropagation of P. suffruiccsa Andr. cv. 'Mme de vatry'：developmental effects of exogenous hormones during them ultiplication phase [J]. Plant Science，57（3），241-251.

Buza L，Jcques M，Sotta B，et al，1993. Thedifferential effect of N6 benzyl adenine and N6on Invitropropagation of P. suffruicosa is correlated with different korone contents [J]. Plant Cell Reports，12（10），593-596.

Harding A，1993. The Peony (Introduced and Updated by RoyG Klehm) [M]. Portland，Oregon：Sagapress/Timber Press.

Hashida R，1996. Tree peony breeding in Japan [J]. A PS Bull.，297：26-29.

Haworth-Booth M，1963. The Moutan or Tree Peony [M]. London：Constable.

Wister J C，1995. The Peonies. 2nd printing [M]. Ho pkins，M N：American Peony Society.